令和版

基礎
から
学ぶ

スポーツ
障害

鳥居 俊 著
早稲田大学
スポーツ科学学術院教授

JN033232

ベースボール・マガジン社

はじめに

「基礎から学ぶ！　スポーツ障害」の第1版を作ったのは2008年でした。その後10年以上が経過し、ロンドン、リオデジャネイロと2回のオリンピック、パラリンピックが開催され、今年2020年は東京大会を目前にしています。その間、新たな知見が明らかになった科学分野があり、また積極的に新しい治療法が行われるようになった分野もあります。

スポーツ現場でアスリートをサポートするスポーツドクターやトレーナーは、最新の知識を取り入れ、最前の健康管理や治療を行えるように、スポーツ医学の引き出しをアップデートしています。

この本は、専門家向けの専門書というよりも、アスリートやその家族、指導者が専門家に相談する前に調べてみたり、相談後に伝えられた内容を確かめたりする場合に読んでもらえるような内容にしています。

どこか、具合の悪い箇所があるとき、その箇所がどういう構造になっているか、どんな働きをするのかを知り、アスリート自身で解決できる方法を試みたり、トレーナーやドクターに相談する際に予備知識を持って臨めるようになる助けになれば、と考えて、基礎編と臨床編の構成にしました。

基礎編で解説している身体の構造や機能は10年で変わることがありませんが、構造や機能を調べる方法（検査法）には日進月歩があります。けがや病気を疑う際に調べる方法も同様に、より詳細に多様になり、精度が高くなっていると考えられます。

治療法の進歩やリハビリテーションのスケジュールの改良もアスリートの復帰を助けていますが、早いことがすべてよいことではなく、安全であることが前提です。特に、年若いジュニアアスリートでは発育途上の身体が健全に発育を完了するまで、発

育を妨げない健康管理が重要になります。

　スポーツ庁から運動部の活動時間を週に16時間とする指針が出されました。一方、運動時間が少ない子どもたちには毎日最低60分は身体を動かすように、という指針が出されています。

　スポーツや運動への参加は私たちの身体にプラスになる場合とマイナスになる場合があり、本書で紹介するけがや内科障害は後者です。

　通常、運動時間が長すぎたり、運動負荷が強すぎたりする場合にマイナスの現象がおきますが、同じ運動を行ってもすべての人に同じ影響が生じるわけではありません。その背景には身体の個人差があり、年齢、性別、筋力、骨の強さ、免疫力などさまざまな個人の身体の特性により、違いが現れます。しかし、トレーニングでは過負荷の原則と呼ばれるように、量や強度を高めていくことが求められます。そこで、身体の反応をみながら、量や強度を高めていくタイミングを無理のないように見極めることで、けがやオーバートレーニングのような問題を予防することができます。

　身体の反応をみるためには、身体を知ることが必要です。本書を活用することで、少しでもスポーツに伴うけがや内科的障害が減ることが著者としての願いです。

　そして、子どもからシルバー世代まで、できるだけ多くの人たちがスポーツを楽しみ、スポーツによって心身の健康を維持し増進できることを祈っています。

2020年春が近い2月に

鳥居　俊

CONTENTS

目次

本書は2008年に発行された書籍『基礎から学ぶ！　スポーツ障害』（小社刊）の内容に、経年によるスポーツ科学理論の進歩に応じた内容改訂を加えるとともに、全ページをリデザイン、カラー化したものです。

デザイン　サンゴグラフ
写真提供　アマナイメージズ
　　　　　ゲッティイメージズ
イラスト　須田博行
執筆協力　水城昭彦
協　　力　アルケア株式会社（P65）
　　　　　株式会社Ｄ＆Ｍ（P93）
　　　　　ベルガード株式会社（P95）
　　　　　日本光電工業株式会社（P95）
　　　　　株式会社佐喜眞義肢（P119）
　　　　　日本シグマックス株式会社（P131、155）
　　　　　伊藤超短波株式会社（P143）
　　　　　京都電子工業株式会社（P183）
編　　集　田中智沙

第1章

基礎編

スポーツ障害の本題に入る前に、私たちの体のメカニズムを理解することが最優先だ。ここでは、人体の基礎知識を、

① 人体の器官系、
② 運動器の構造と機能、
③ 運動器の障害の基本像、

の順に学んでいこう。

≪1 人体の器官系

●緊密に連携し合って働く臓器の仲間

私たちの体には、私たち自身が生存したり、子孫を残したりするのに必要な、さまざまな働きをする器官（臓器）があります。これらの中で、一定の役割を果たし、ある共通する働きのために緊密に連携している器官をまとめたのが器官系です。

たとえば、空気を吸い込み、その中の酸素を血液中に取り込む呼吸器系には、鼻から肺までの器官が含まれます。その他、心臓と血管からなり、酸素と栄養を全身に送る働きをする循環器系、食物を消化し、栄養を吸収する消化器系など、重要な働きをする器官系がそろっています。

こうした器官系に対し、筋肉や骨など、私たちの運動に直接関係する器官系を運動器系と呼びます。運動器系は器官系の一部ですが、スポーツ障害とのかかわりが深いので、あとで詳しく解説します。ここでは、それ以外の器官系について、まとめて説明していくことにします。

図1 **人体の器官系**

器官系 → 呼吸器系

循環器系

消化器系

泌尿器系

生殖器系

内分泌系

神経系

気道　気管支　肺

動脈　静脈　心臓

小腸　大腸　虫垂　肝臓　胆嚢（たんのう）　膵臓（すいぞう）

腎臓　尿管　膀胱（ぼうこう）　尿道

精巣　陰茎　卵巣　子宮

視床下部　下垂体　甲状腺　副甲状腺

大脳　延髄　脊髄

11

呼吸器系 ●酸素と二酸化炭素を交換する

呼吸器の構造

　私たちの生命活動に必要な酸素を、体の中に取り込むために働いているのが呼吸器系です。

　空気の通り道を気道といい、「上気道」と「下気道」に分類されています。鼻からのど（咽頭）までの部分が上気道です。その先で食べ物の通り道である食道と枝分かれし、気道は喉頭、気管、気管支を通って肺まで続いています。この喉頭から肺までの部分を下気道といいます（図1）。

　気管支は、枝分かれしながらどんどん細くなっていき、その先端には、ごく小さな袋状の肺胞がついています。吸い込んだ空気は、気管支を通って、最終的には膨大な数の肺胞に送られます。

　1つ1つの肺胞の周囲を毛細血管が取り巻いていて、肺胞内の空気と毛細血管の血液との間で物質の交換が行われます。小さな肺胞に分かれることで、毛細血管と接触する面積は非常に大きくなり、効率よく物質交換ができるようになっています。

　肺胞内の空気に含まれている酸素は血液内に移動し、全身をめぐって集められた二酸化炭素は、血液から肺胞内に運ばれます（図2）。この物質交換によって、二酸化炭素を多く含み、酸素の乏しかった血液が、二酸化炭素が少なく酸素を豊富に含む血液に変わります。

　空気を吸い込んでから、肺胞で酸素と二酸化炭素の交換を行い、息を吐き出すまでの一連の働きを呼吸といいます。呼吸には、「外呼吸」と「内呼吸」があります。

　鼻などから空気を吸い込んで肺に取り込み、肺から二酸化炭素を多く含んだ呼気を吐き出す過程が外呼吸です。これに対し、肺胞で行われる酸素と二酸化炭素の交換過程を内呼吸といいます。

呼吸の能力

　スポーツ選手は呼吸の能力が高いことが有利になります。たとえば、肺活量が大きければ、1回でより多くの空気を吸い込むことができます。

　空気を吸い込むためには、肺を膨らませる必要があります。これには、胸壁にある内肋間筋と外肋間筋、胸腔と腹腔の間にある横隔膜などの呼吸筋が働きます。したがって、これらの呼吸筋や、その助けをする呼吸補助筋の働きを高めておくことも、呼吸能力を高めるのに効果があります。

　呼吸の能力に関係する肺活量などの数値には男女差があります。また、肺の大きさは成長に伴って変化します（図3）。そのため、ジュニア選手よりも、成人の選手のほうが大きな値になります。

　また、身長の伸びが止まっても、胸郭はしばらく大きくなり続けます。それに従って、肺も大きくなるのです。

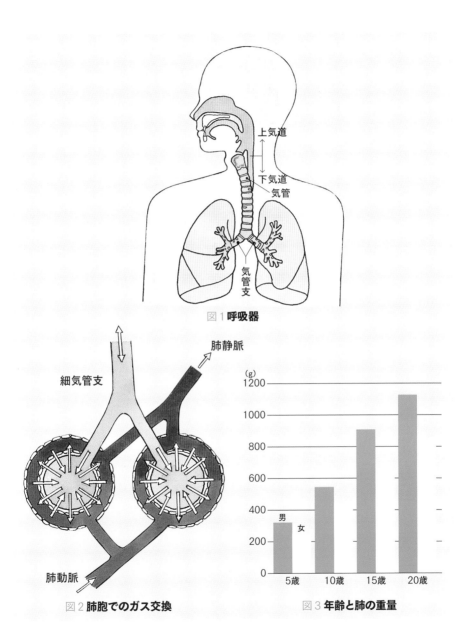

図1 **呼吸器**

上気道
下気道
気管
気管支

細気管支
肺静脈
肺動脈

図2 **肺胞でのガス交換**

（g）

図3 **年齢と肺の重量**

男
女

5歳　10歳　15歳　20歳

2 循環器系 ●体のすみずみまで血液を送る

循環と血管の構造

循環器系は、体のすみずみの細胞まで酸素や栄養素を運び、細胞で発生した二酸化炭素や老廃物を運び去るのに使われる道路網のようなものです。心臓と血管から構成されています（図1）。

血液が体内をめぐることを循環といいます。循環は、心臓から出た血液が肺に行って戻ってくる「肺循環」と、肺を除く全身をめぐる「体循環」に大別されます。

●肺循環

全身から戻ってきた二酸化炭素を多く含む静脈血は、心臓の右心房に入り、右心室から肺に送り出されます。肺では血液中の二酸化炭素を肺胞に排出し、酸素を受け取ります。こうして、酸素を豊富に含む動脈血となって、心臓の左心房に戻ります。

●体循環

肺から戻った動脈血は、左心房から左心室に入り、大動脈に送り出されます。大動脈から次々と枝分かれした動脈は、全身のさまざまな臓器（筋肉を含む）に分布していて、動脈血を送り届けます。それぞれの臓器では、毛細血管の薄い膜を通して、酸素と二酸化炭素、栄養素と老廃物の交換が行われます。臓器に分布する細い静脈は、合流を繰り返して最終的に大静脈となり、心臓の右心房に戻ります。こうした循環の中には、腎臓と肝臓への循環が含まれてい

ます。体にとって不要な物質は肝臓で分解され、腎臓から排泄されます。

血管には「動脈」と「静脈」があります。動脈は体のすみずみまで血液を送るため、圧力（血圧）に耐えられるように、筋肉（平滑筋）や弾性線維を含んだ中膜が厚くなっています。これに対し、静脈は中膜が薄く、全体としても動脈に比べて壁が薄いのが特徴です（図2）。

心臓の構造と役割

健康な人の心臓は、握りこぶしよりやや大きい程度で、重さは300ｇくらいあります。肋骨と胸骨に囲まれた胸郭の、正中よりやや左に寄った位置にあります（まれに心臓や内臓が左右逆転した人もいます）。

心臓は左心系と右心系に分けられ、それがさらに、心房と心室に分けられます（図3）。心房と心室の間、心室の出口には弁があり、血液が逆流するのを防いでいます。

心臓の壁は心筋という筋肉でできています。心房の壁に比べ、血液を送り出す心室の壁は厚く、特に全身に血液を送り出す左心室の壁は最も厚くなっています。心臓を構成する筋肉である心筋は、冠動脈という血管によって血液の供給を受けています。

心筋の活動は、骨格筋とは異なり、自分の意思で変えられるものではありません。心臓の洞結節という部位で作られる刺激

が、心筋の中を伝わっていくことにより、自律的に拍動が起こります。

　この活動を電気的に記録する検査が心電図検査です（図４）。

　心臓は体の成長に伴って大きくなり、1回に拍出される血液量が増加します。また、スポーツ選手はトレーニングによって心臓の容量が大きくなり、一般の人より拍出量も多くなっています。そのため、安静時の心拍数が少なくなる傾向があります。

　トレーニングによって心臓が鍛えられると、心臓の壁の筋肉が厚くなります。心筋の厚さの変化は、心電図にも現れます。

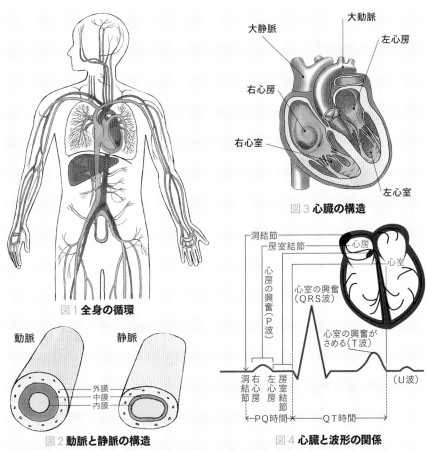

図1 **全身の循環**

図2 **動脈と静脈の構造**

図3 **心臓の構造**

図4 **心臓と波形の関係**

3 消化器系 ●栄養を吸収し、蓄え、排泄する

消化管の構造と役割

消化器系（図1）は、摂取した食べ物や飲み物を、体の中で使いやすい栄養素に分解したり、それを吸収して蓄えたり、不要な物質を排泄したりするまでの、さまざまな働きをしています。

口の中では、歯で噛み砕くという機械的消化が行われ、一部は唾液によって分解する消化が始まります。

食べた物は、食道を通って胃に入ります。胃では主にたんぱく質の分解が起こります。

●小腸

小腸（十二指腸、空腸、回腸）では、胃から運ばれてきた内容物が、さらに分解されます。その際、小腸から出る腸液だけでなく、膵臓からの膵液、肝臓からの胆汁といった消化液も加わり、吸収しやすい栄養素にしていきます。

小腸の壁の粘膜は、ひだ状になっているために表面積が広く、分解された栄養素を効率よく吸収できるようになっています。栄養素は、粘膜の壁から毛細血管やリンパ管に取り込まれます（図2）。

●大腸

大腸（盲腸、結腸、直腸）は、小腸で栄養素が吸収された残りの内容物から、水分や電解質を吸収します。そうすることで残った内容物を固め、便として排泄する役割も担っています。

大腸の中には、いわゆる腸内細菌が生息していて、人間の消化液では分解できない物質の分解を助けています。腸内細菌の種類は年をとると変化しますが、薬として使われる抗生物質によっても乱されるため、下痢が起こることがあります。

●虫垂

盲腸の先端にぶら下がっている小さな突起が虫垂です。子ども時代に感染に対して防御する働きをするリンパ組織です。ここに、腸を通過する内容物とともに、細菌が入り込んで繁殖すると、虫垂炎（俗にいう盲腸炎）を起こします。

虫垂炎は、強い腹痛を起こすことで知られています。通常は、右下腹部の虫垂の位置を中心に痛みが発生しますが、炎症を起こした虫垂が破れると、腹腔内に細菌や膿が広がり、腹膜炎を引き起こします。このときには、腹部が張った状態になり、腹部全体が強く痛みます。

肝臓、胆嚢、膵臓の役割

●肝臓

肝臓は消化器の中で最大の分泌腺で、胆汁を作っています。また、たんぱく質、糖質、脂肪というすべてのエネルギー成分の代謝に関係し、アルコールや薬物の分解（解毒）の役割も果たしています。

右の上腹部にあり、大部分は肋骨で守られていますが、下から突き上げるような腹部の打撲で損傷することがあります。

●胆囊

肝臓で作られた胆汁をためておく袋状の臓器で、胆汁を濃縮させる役割を果たしています。中年以降の年代で、栄養過多の人では、胆汁の中で胆石という結石ができることがあります。これは強い痛みを伴う胆石発作の原因となります。

●膵臓

消化器として膵液を分泌するほかに、インスリンなどのホルモンを分泌する内分泌器官でもあります。

糖尿病は、インスリンの分泌や働きが不十分であるために起こります。血糖（血液中のブドウ糖）を筋肉や肝臓に取り込んで貯蔵する働きが低下し、血糖が高くなってしまうのです。

膵臓は胃の後ろから下にかけての深いところに位置しています。それでも、スポーツ中の腹部の打撲で損傷を受けることがまれにあります。

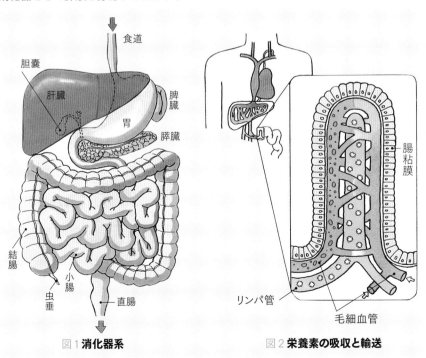

食道
胆囊
肝臓
脾臓
胃
膵臓
結腸
虫垂
小腸
直腸

腸粘膜
リンパ管
毛細血管

図1 消化器系　　　　図2 栄養素の吸収と輸送

4 泌尿器系・生殖器系 ●体内の老廃物を排泄する

泌尿器系の構造と役割

　泌尿器系は、体の中で発生した不要な物質（老廃物）を、血液中から取り除き、尿中に排泄する働きをしています。腎臓で血液から尿が作られ、尿は尿管を通って膀胱にためられます。膀胱の尿は、尿道を通って排泄されます（図1）。

●腎臓

　腹部の深い場所に左右1個ずつ存在します。普通、わずかに左のほうが高い位置にあります。腎臓の1つの重さは、成人男性で150〜160ｇ、成人女性で130〜140ｇ程度です（図2）。わずかに左の腎臓が重くなっています。

　腎臓には、腹部大動脈から動脈血が流れ込みます。心臓から拍出される血液の約20％が流れ込むため、毎分1ℓもの血液を濾過しています。

　血液から尿を作り出しているのは、ネフロンと呼ばれる濾過装置の基本単位です。腎臓には、ネフロンが約100万個存在し、流れ込んできた血液から、水分や排泄すべき物質を濾過しています。

　その結果できた尿は、尿細管という管を通って集められます。その途中で、尿細管にからみついている毛細血管との間で、排泄や再吸収という物質のやり取りが行われます（図3）。体内が水分不足の状態だと、再吸収する水分量を増やすため、濃縮された尿となります。そのため、水分不足の状態が続き、腎臓にかかる負担は大きくなります。できた尿は尿管を通って膀胱に送られます。1日に作られる尿は、成人で1.5ℓ前後です。

　体の深部にある腎臓ですが、まれにスポーツ中の腹部の打撲によって損傷することがあります。強い腹痛や血尿が出た場合には、腎臓損傷の可能性があるので病院で受診することがすすめられます。

●尿管

　左右の腎臓から出て、膀胱まで伸びる長さが20〜30㎝、太さが5㎜ほどの管です。周囲の血管との位置関係から通路が細くなっている部位があり、そこに尿中の物質が結晶化して固まった結石が詰まると、強い痛みを起こします。

●膀胱

　骨盤の最も下に存在します。左右の尿管から送られてきた尿は、ここにいったんためられます。最大容量は700ml程度で、その半分くらいの尿がたまると尿意が起こります。

●尿道

　膀胱にためられた尿は、尿道を通って体外に排泄されます。尿道の長さには大きな男女差があり、女性は数㎝、男性は20〜30㎝あります。女性は尿道が短く、細菌が膀胱に入りやすいので、膀胱炎を起こしやすい傾向があります。

生殖器系

　男性では精巣と陰茎（ペニス）が、女性では卵巣と子宮が生殖器となります。

　精巣は陰嚢の中にあり、スポーツ中に

ボールや他の選手と衝突することで、打撲を受けることがあります。これに対し、女性の生殖器は骨盤腔内にあるため、スポーツ中に外傷を受けることはほとんどありません。

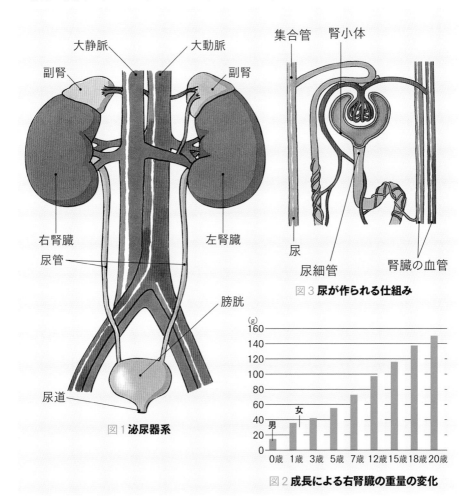

図1 **泌尿器系**

図3 **尿が作られる仕組み**

図2 **成長による右腎臓の重量の変化**

5 内分泌系 ●各器官にホルモンで情報を伝える

ホルモンとは

内分泌器官は、体の情報や周囲環境の情報を、体内のさまざまな器官に伝える働きをしています。

化学物質であるホルモンを、血液を介して送ることで情報を伝えます。ホルモンは、ごく低い濃度で特定の器官の働きを変えることができます。

ホルモンを分泌する全身のさまざまな内分泌器官（図1）の働きは、内分泌の中枢である視床下部から出るホルモンの指令により、促進されたり、抑制されたりします。内分泌の中枢は、分泌されたホルモンの濃度を感知し、高くなりすぎたり、低くなりすぎたりしないように制御します。

内分泌器官の働き

●視床下部

大脳の下方の中央部にあります。多くの内分泌器官の働きを調節する最も上位の中枢です。ここから、下垂体前葉への指令ホルモンがまず出されます。一部、視床下部の細胞が下垂体後葉に伸びて、下垂体からホルモンを分泌しています。

視床下部は、体に加わった負荷（ストレス）を受けて、体の状態を保つための指令を出します。第3章の臨床編で述べるオーバートレーニング症候群（P180）や運動性無月経（P188）などは、スポーツによる心身のストレスが原因となり、視床下部を介して内分泌器官に作用し、体にさまざまな変化を起こしている状態なのです。

●下垂体

視床下部の下にぶら下がるように位置している内分泌器官です。下垂体は視床下部からの指令ホルモンを受け、さまざまな内分泌器官にホルモンの分泌を促す指令ホルモンを出します。

下垂体には、このような指令ホルモンを出す働きと、直接目標臓器に働くホルモンを分泌する働きの2つが備わっています。後者のホルモンとしてよく知られているのが成長ホルモンです。骨や筋肉に働きかけ、成長を促したり、筋肉を肥大させたりします。薬物として成長ホルモン剤を使用するのはドーピングになります。

●甲状腺

首の前方で、甲状軟骨（のどぼとけ）のすぐ下にあります。甲状腺ホルモンとカルシトニンが分泌されます。前者は、心臓の働き、エネルギー代謝、胃腸の働き、心身の成長など、多彩な働きに関係しています。後者は骨の形成に関係しています。

若い女性のスポーツ選手に、甲状腺機能亢進症（バセドー病）が見られることがあります。この病気では、心拍数が多い、汗をかきやすい、疲れやすい、体重が減少する、などの症状が現れます。軽症の場合、

トレーニングの影響と間違われることがあるので要注意です。

●副甲状腺（上皮小体）

甲状腺の裏側にある非常に小さい内分泌器官で、副甲状腺ホルモンを分泌します。副甲状腺ホルモンは、骨のカルシウムを溶かし、血液中のカルシウムを増やす働きをします。

骨密度が低い選手は、原因を探るため、このホルモンの検査も行います。

●腎臓

泌尿器系に属する器官ですが、内分泌器官としての働きも持っています。分泌するのは、レニンという血圧調節に関係するホルモンと、エリスロポエチンという赤血球を作る働きを促すホルモンです。

エリスロポエチンは、高所トレーニングを行うと分泌量が増え、その結果、赤血球数やヘモグロビン濃度が高まることで知られています。薬剤としてエリスロポエチンを投与するのは、ドーピングになります。

●副腎

腎臓の上に帽子のように乗っている非常に小さな内分泌器官です。エネルギーや水分などの物質代謝のほか、ストレスが加わったときに働きます。スポーツとの関係では、アドレナリンが重要な働きをします。心拍数を高め、血糖値を上昇させ、筋肉への血流量を増やすことで、運動するのに適した体の状態を作り出すのです。

慢性のケガやアレルギーの治療で用いられる炎症止めのステロイド薬は、副腎で分泌されるホルモンに類似しています。大量に使いすぎると、免疫力の低下、骨や腱の強度の低下を引き起こします。

●膵臓

消化器系に属する器官ですが、内分泌器官としては、糖の代謝に関係するインスリン、グルカゴンを分泌します。

●消化管

胃や小腸の壁からは、消化管ホルモンが分泌され、消化の働きを調節しています。

●精巣・卵巣

いわゆる性ホルモンを分泌する内分泌器官です（P19・生殖器系を参照）。

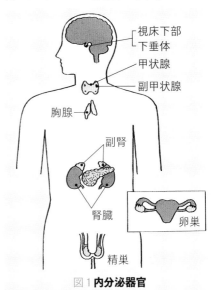

図1 **内分泌器官**

6 神経系 ●情報を受け取り、処理し、発信する

神経系と神経細胞

　神経系は情報を受け取り、処理し、発信する働きをしています。情報を伝達する点で内分泌系と似ていますが、神経系は全身に張りめぐらされ、体の状態や外部環境の情報に対して体内のすべての器官に指令を送り、その働きを調節しています（図１）。

　構造や位置から神経系は「中枢神経」と「末梢神経」に分けられます。中枢神経には脳と脊髄が（図２）、末梢神経にはそれ以外の神経組織が含まれます。また、その機能から体の動きや感覚を支配する「体性神経」と、主に内臓の働きを支配する「自律神経」に分けられ、神経細胞は情報を受け取る樹状突起と情報を伝達する軸索突起からできています（図３）。樹状突起と軸索突起はシナプスという構造によって他の神経細胞と接触し、情報の受け渡しをします。軸索突起は脳では数ミリの長さしかありませんが、脊髄や末梢神経では長く、坐骨神経では１ｍ近くあります。長い距離の情報伝達を効率よくするため、絶縁体の役割をする髄鞘が軸索を取り巻いています。末梢神経は、髄鞘に包まれた軸索突起が束となり、膜に包まれた構造になっています。

神経系器官の働き

　●大脳

　特に人類で大きく発達した中枢神経系です。運動の動作にかかわる「運動野」、ボールや相手選手の動きなど目で見た情報を処理する後頭葉の「視覚野」、相手選手の個性をもとにどんなプレーをすべきか高度な予測をする「前頭連合野」など、大脳のさまざまな部位が運動に関係しています。

　●小脳

　頭部の後方で、後頭葉の下に位置しています。大脳と連携して筋肉の緊張を調節し、スムーズに運動ができるようにしています。姿勢やバランスの調節にも関係しています。

　●延髄

　脊髄の中枢側に続いていて、小脳の高さにあります。呼吸中枢、心臓血管中枢が存在するため、ボクシングなどの強い衝撃で損傷を受けると即死することがあります。

　●脊髄

　脊椎（背骨）で保護された神経の束で、白質と灰白質で構成されています。白質は脳から下行する神経線維と、脳へ上行する神経線維が束ねられた部分、灰白質はこれらの神経の情報を中継する神経細胞や、反射を起こす神経細胞がある部分です。

　脊髄から分かれ、脊椎の隙間から左右に出る神経根は、末梢神経となり、筋肉を動かしたり、末梢の知覚を中枢に伝えたりする働きをします（図４）。スポーツで脊椎の脱臼や骨折が起こると、脊髄が損傷を受け、神経が遮断されることがあります。

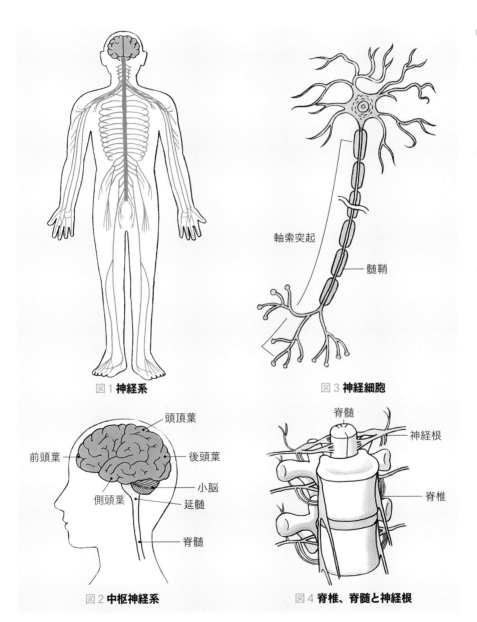

図1 **神経系**

図3 **神経細胞**

軸索突起

髄鞘

図2 **中枢神経系**

頭頂葉

前頭葉

後頭葉

小脳

側頭葉

延髄

脊髄

図4 **脊椎、脊髄と神経根**

脊髄

神経根

脊椎

《2 運動器の構造と機能

●体の動きを生み出す器官と臓器

運動器とは、運動に関係する器官や臓器のことを意味します。つまり、筋肉と腱、骨、軟骨、靭帯、神経などが運動器です。

これらは筋肉と腱のように実際に動いて運動を作り出したり、神経のように動くための刺激を送ったり、靭帯のように動く部分を支えたり、軟骨のように動きを滑らかにしたりするという働きを持っています。

実際の運動では、脳で運動しようという意思、筋を動かそうとする信号が発生します。それが、脊椎（背骨）の中を通る脊髄という神経の束を伝わり、さらに枝分かれして、手足に分布する神経を伝わっていきます。そして、筋肉に到達するのです。

信号を受けて筋肉は収縮し、筋肉が両端でくっついている骨を動かすことで、関節の運動になります。骨は向かい合う骨の先端と、軟骨を介して接触するため、滑らかに動きます。また、関節は靭帯や関節包によって支えられ、安全な範囲の動きに制限されています。

これらの運動の各要素に関係する運動器について、神経については器官系の中で触れましたので、脊髄と末梢神経について少し説明するにとどめます。筋・腱、骨、軟骨、靭帯については、その構造と機能について、詳しく解説します。

図1 **運動器の構造と機能**

運動器 → 神経

筋・腱

骨・関節

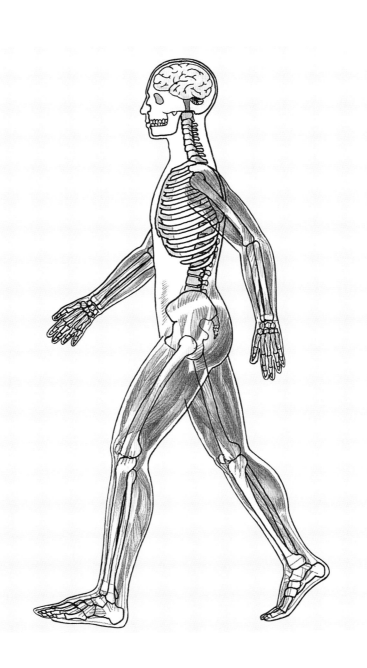

神経●筋肉に刺激を伝える

反射による運動

　私たちの運動には、動かそうという意思によって起こす動きと、そのような意思に関係なく生じる動きとがあります。同じ筋の収縮でも、関節を伸ばそうという意思で生じる動きと、ある特定の刺激により、脳からの指令がないまま生じる動きがあります。後者の代表が「反射」です。

　よく知られているものに、膝蓋腱反射があります（図1）。膝蓋骨の下方にある膝蓋腱をたたくと膝関節が伸展するのは、腱がたたかれることによって膝蓋腱に連結する大腿四頭筋が瞬間的に伸ばされ、その結果、大腿四頭筋に収縮しようとする働きが起こったためです。

　この反射は、腱や筋線維の伸びを感じ取った情報が、末梢神経を介して脊髄に伝えられ、脊髄で筋線維を収縮させる指令が出ることで起こります。刺激は脳まで行かず、脊髄で戻ってくるため、非常に短時間で動きが起こります。熱いものや冷たいものに触れたとき、瞬間的に指を引っこめる動作が起こるのも反射と同じです。

意思による運動

　動かそうという意思に基づく動きは、大脳の一次運動野の特定の部位に対応する神経細胞（一次運動ニューロン）が刺激され

ることで起こります。神経細胞の突起は脊髄を下降しますが、途中で交差して大部分は脊髄の反対側に行き、ここを伝わった刺激が二次運動ニューロンを刺激します。二次運動ニューロンは、神経根や末梢神経の中で運動線維となり、筋肉で各筋線維に枝を伸ばしています。そこに刺激が伝えられることで、筋収縮を引き起こすのです。

　この経路を錐体路と呼びます（図2）。

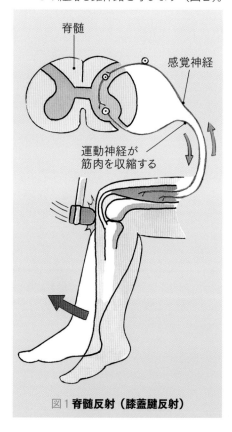

脊髄

感覚神経

運動神経が
筋肉を収縮する

図1 **脊髄反射（膝蓋腱反射）**

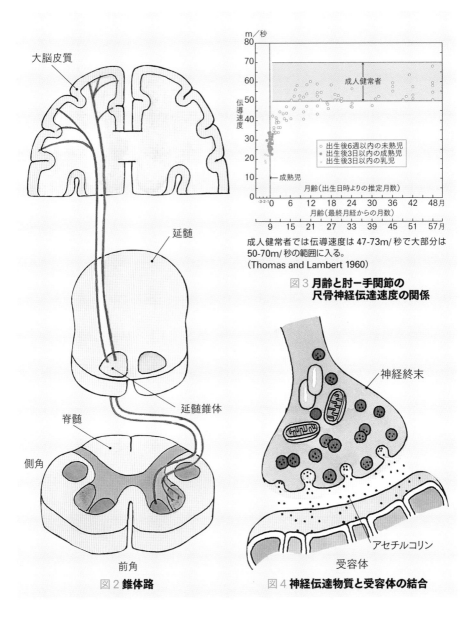

大脳皮質

延髄

延髄錐体

脊髄

側角

前角

図 2 **錐体路**

m/秒

80
70
60
50
40
30
20
10
0

伝導速度

成人健常者

○ 出生後6週以内の未熟児
● 出生後3日以内の成熟児
× 出生後3日以内の乳児

成熟児

月齢(出生日時よりの推定月数)

-3-2-1 0   6   12   18   24   30   36   42   48月

月齢(最終月経からの月数)

9   15   21   27   33   39   45   51   57月

成人健常者では伝導速度は 47-73m/秒で大部分は
50-70m/秒の範囲に入る。
(Thomas and Lambert 1960)

図 3 **月齢と肘−手関節の
尺骨神経伝達速度の関係**

神経終末

アセチルコリン

受容体

図 4 **神経伝達物質と受容体の結合**

27

末梢神経の働き

末梢神経は、神経根から伸びる神経線維（正確には神経細胞の軸索突起）の束です。頚部や腰部では、複数の神経根が合流したり分岐したりする神経叢を作り、やがて末梢に至ります。神経の中を刺激が伝わる速さは、毎秒50〜70mという速さです。生後半年から1年ほどで、成人と同じくらいの速度になっています（P27・図3）。

運動神経を伝わった刺激は、その先端にある特殊な構造である神経筋接合部に行きつきます。刺激が伝わってくると、その先端からアセチルコリンという神経伝達物質を放出します。この物質が筋肉側にある受容体に結合すると、筋肉の収縮が開始されるのです（P27・図4）。一方、皮膚では、温度や圧力などのさまざまな情報が、それぞれの受容体によって受け取られます。この刺激は、末梢神経の中の知覚神経の線維を伝わって上行します（図5）。

脊髄に到達する直前にある神経節を経て、脊髄内で二次ニューロンとなり、上行して大脳に情報が伝達されます。末梢神経は支配する領域が決まっているため（図6）、どの末梢神経からどのような刺激が伝えられたかによって、体のどの部位でどんな刺激が加わったのか感知されます。

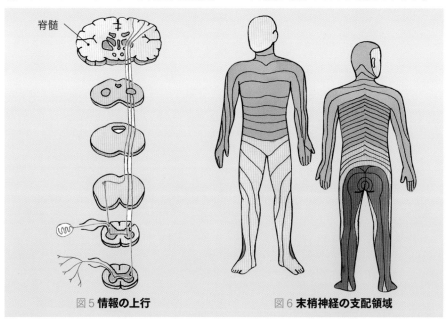

脊髄

図5 情報の上行

図6 末梢神経の支配領域

2 筋・腱 ● 収縮することで骨を動かす

関節を動かす仕組み

　私たちは体を動かすのに、関節の曲げ伸ばしを利用しています。関節を曲げたり伸ばしたりできるのは、ある骨に付着している筋肉が、関節を越えたところにある別の骨に付着しているためです。このような構造になっている筋肉が、収縮したり弛緩したりすることで、関節を動かしているのです。

筋の構造と働き

　筋肉と腱は筋腱複合体という一連の構造

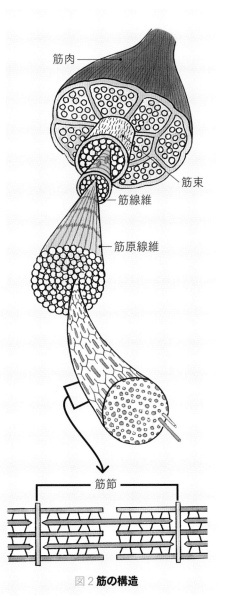

図2 **筋の構造**

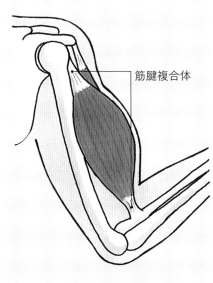

図1 **筋腱複合体の構造**

を作り、収縮運動をしています。

　筋肉は、筋線維という1個1個の筋肉の細胞が、伸び縮みする力を持っています。そして、その力を、腱を介して骨に伝えることになります（P29・図1）。

　筋肉はいくつかの筋束が集まってできており、筋束の中には多くの筋線維が集まっています。そして、筋線維の中には多くの筋原線維があります。筋原線維の構造は、筋節という規則正しい単位が縦に連なり、それが横にも多数の束になったものであることがわかっています（P29・図2）。

　筋節は、アクチンとミオシンという筋線維特有のたんぱく質から構成されています。この2つのたんぱく質の位置関係が変わることで、筋節の長さが変化し、その結果が筋線維の伸縮となります（図3）。

腱の構造と働き

　腱は、かつては筋の伸縮による力を、骨に伝えるだけの働きをしていると考えられていました。ところが、最近になって、腱は力を伝えるだけでなく、腱自体も伸び縮みすることで、力を発揮することが研究で明らかになってきました。

　腱は、腱鞘という滑りをよくする鞘（さや）によって包まれ、その中で滑らかに動いています（図4）。

　腱の内部はコラーゲン線維でできてお

り、頑丈なロープにたとえることができます。細い腱の線維が集まって次第に太くなり、それがさらに集まることで強度を高めているのです（図5）。

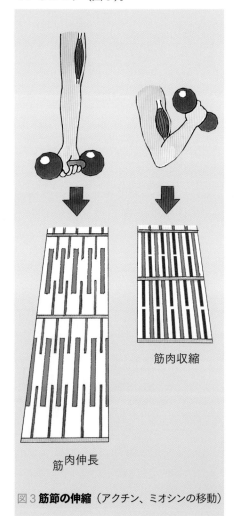

図3 **筋節の伸縮**（アクチン、ミオシンの移動）

　筋線維の収縮と、腱の線維の収縮を考えると、筋腱複合体は、筋と腱という2種類のバネが直列につながった強大なバネと考えることができます（図6）。

　さらに、筋線維は、筋節というミクロのバネが、多数連結されてできている巨大なバネと考えることもできます。

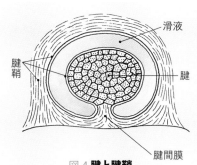

図4 **腱と腱鞘**

滑液
腱鞘
腱
腱間膜

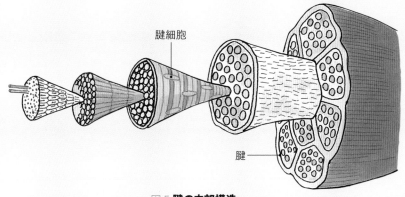

腱細胞

腱

図5 **腱の内部構造**

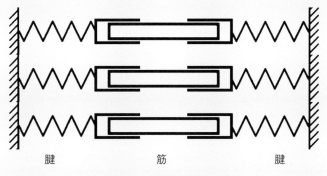

腱　　　　　筋　　　　　腱

図6 **筋腱のバネ**

3 骨・関節 ●体を支え、体を動かす

骨の種類

　私たちの体には、いろいろな形をしたたくさんの骨があります。全身の骨は、長い骨、短い骨、平べったい骨、丸い骨というように、形の異なるグループに分けることができます（図1）。

　長い骨は長骨（または長管骨）と分類され、腕や脚の大きな骨は、大部分がここに入ります。

　平べったい骨は扁平骨と分類されます。骨盤、肩甲骨、頭蓋骨などがこれに相当します。

　図1ではわかりにくいのですが、手首や足首付近には、小さな骨がたくさんあります。これらの骨は、長骨でも扁平骨でもなく、短骨と分類されます。

　全身のすべての骨が、この3つの種類に分類できるわけではありません。骨によっては、一部は短骨で、一部は扁平骨というように、2つの性質を合わせ持っている場合もあります。

骨の構造

　骨の内部構造は、長骨、短骨、扁平骨で異なっています。

　長骨の場合、両端の内部には、海綿骨という網目状の骨がぎっしりと詰まっています。中央部は管状になっていて、表面の殻に当たる皮質骨が厚く、内部には隙間があります。骨髄腔と呼ばれるこの隙間には、血液細胞を作り出す骨髄が入っています（図2）。

　短骨では、長骨のような部分による違いはなく、全体として海綿骨がぎっしりと詰まった状態になっています。

　扁平骨は、2つの硬く厚い皮質骨が向かい合い、その間に海綿骨の層が入っていま

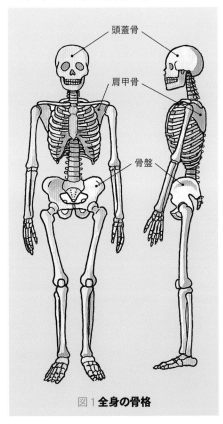

図1 **全身の骨格**

頭蓋骨
肩甲骨
骨盤

す。

　この３つの分類に加え、顔面の鼻の近くには、中に空気の入った空洞を持つ含気骨（がんき）という形態の骨があります。

骨のミクロ構造

　骨の構造をさらにミクロなレベルで観察すると、皮質骨と海綿骨の構造の違いがはっきりします。

　皮質骨の内部は、同心円状の管を重ねたような骨単位が詰まっている構造になっています（図３）。骨単位の中心にはハバース管と呼ばれる細い穴があり、ここを血管が通っています。また、ハバース管から隣のハバース管へと、横の連絡をするフォルクマン管という構造も見られます。

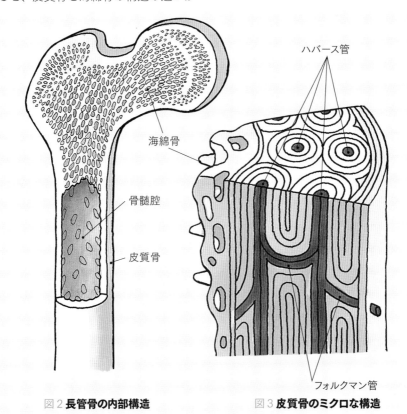

海綿骨

骨髄腔

皮質骨

ハバース管

フォルクマン管

図2 **長管骨の内部構造**　　　図3 **皮質骨のミクロな構造**

海綿骨では、1本1本の網目（骨梁）は、骨単位が切り取られた扇形の単位が組み合わさったような構造をしています（図4）。

骨形成と骨吸収

これらの骨の構造単位の一層一層は、骨の形成に伴ってできる地層のようなものです。実際、骨形成は骨芽細胞という細胞が列を作り、骨の成分を分泌しながら進んでいく形で行われます。その結果、このような層構造ができると考えられています。骨芽細胞は、周囲に骨の成分を分泌したのち、その中に埋まり、骨細胞となります。

骨細胞は歪みや振動などにより骨の強度の低下を感受し、破骨細胞による骨吸収を促し、その後の骨形成を導きます（図5）。

骨吸収と骨形成のバランスが取れているため、成人の骨の量は維持されています。基本的に量は変わりませんが、計算上、3〜5年間で全身の骨が新しくなると考えられています。

ジュニア期の選手では、骨形成が骨吸収を上回り、骨の量はだんだん増えていき、骨の大きさも成長していきます。一方、高齢になると、骨吸収に骨形成が追いつかなくなり、徐々に骨が減っていくことになります。

関節の構造

骨と骨が向かい合って接する部分は、大部分が関節と呼ばれ、一定の動きが許容される構造になっています。動きがない骨同士の向かい合いには、結合（例：恥骨）と縫合（例：頭蓋骨）があります。

関節には、一定範囲の動きを支持するための構造があります（図6）。関節を包む関節包と、特定の方向の支持をする靭帯がそれです。

関節周囲にある側副靭帯は、関節包の一部が厚く強くなった構造と考えることもできます。靭帯は、関節の周囲に存在するだけではありません。たとえば膝関節では、関節の内部にも靭帯が存在して、関節を制動する働きをしています。こうした構造の支持や制動の中で、向かい合う骨が互いに位置関係を変えることにより、関節の運動が実現しているのです。

関節の種類

関節の形にはいろいろな種類があります。

図4 海綿骨の骨梁のミクロ構造

最も基本的な形は蝶番関節で、このタイプの関節は、曲げる、伸ばすという1つの平面上の動きだけが許容されています。

臼関節（または球関節）は、3次元的な空間上で関節運動を行うことができます。肩関節や股関節がこのタイプです。

これらの中間で、2つの平面上の動きが許容される関節もあります。

関節は、構成する骨の形態から、おおよその動きを予測することができます。つまり、形態は機能を反映しているのです。

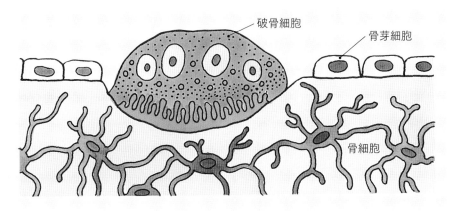

図5 **骨の作り替えに関与する細胞**

破骨細胞

骨芽細胞

骨細胞

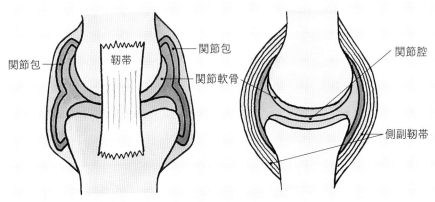

図6 **関節の基本構造**

関節包

靭帯

関節包

関節軟骨

関節腔

側副靭帯

≪3 運動器の障害の基本像
●体にはどのような変化が生じているのか

スポーツ中に発生するケガは、大きく2つに分けられます。1つは、骨折のように1回の大きな力の作用で起こるケガ。もう1つは、疲労骨折のように繰り返し力が加わり続けた結果として起こるケガです。日本では、前者を「急性経過のケガ」あるいは「スポーツ外傷」、後者を「慢性経過のケガ」あるいは「スポーツ障害」と呼んでいます。骨以外の組織に起こるケガも、この2種類に分けることができます。

急性経過のケガと慢性経過のケガを合わせて「スポーツ傷害」と表現する場合もありますが、犯罪の傷害と同じになってしまい、必ずしも好ましくありません。そこで、本書では、両者を含めて「障害」と表現することにします。

この項では、スポーツで起こる代表的な運動器のケガについて、実際にどのような変化が生じているのかを解説します。何が起きているのかを知ることで、治療や予防に関しての理解を深められるでしょう。

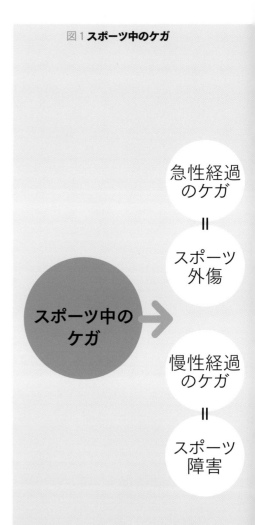

図1 **スポーツ中のケガ**

急性経過
のケガ
＝
スポーツ
外傷

スポーツ中の
ケガ

慢性経過
のケガ
＝
スポーツ
障害

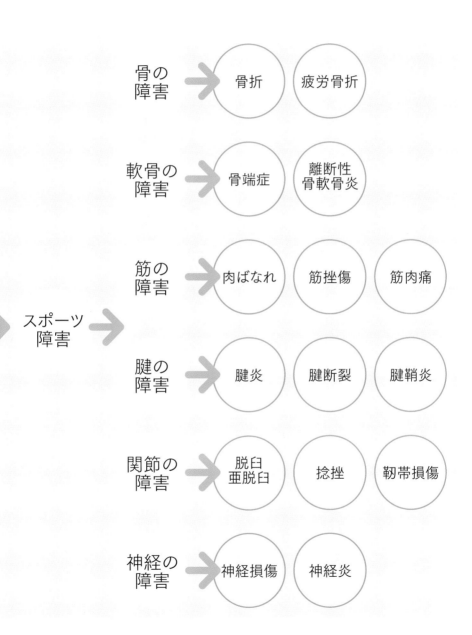

骨の障害 ●骨折、疲労骨折

骨折の定義

　骨は硬い構造をしていますが、ある程度の弾力性があり、わずかに曲がったりたわんだりします。ただ、その強度を超える大きな力が加わると壊れます。この状態が「骨折」です。肉眼的にわかる大きさの亀裂が生じるものと、肉眼的にはわからないものの顕微鏡で見るとわかるレベルの亀裂が生じているものがあります。

　スポーツ中に急性に発生する典型的な骨折の多くは、肉眼的にわかる亀裂が生じる骨折です。皮質骨が割れ、海綿骨も途絶し、骨の周囲を包む骨膜の断裂も生じます。骨折で分かれた部分にずれ（転位）が起こると、骨の内部の骨髄も損傷を受け、流れ出してしまいます。骨折は骨という臓器の損傷と考えることが必要です。

骨折の分類

　骨に生じた亀裂（骨折線）の入り方によって、横骨折、斜骨折、らせん骨折、粉砕骨折に分類されます（図1）。

　また、完全骨折と不全骨折に分類する方法もあります。骨折線によって、骨が2つ以上の部分に完全に分けられる場合が完全骨折で、骨が完全に分かれていない場合が不全骨折です（図2）。

　骨折の起こり方による分類もあります。圧迫する力が働き、押しつぶされるように生じた骨折が圧迫骨折です。主に脊椎など

に起こります。また、靱帯、腱、関節包などに引っ張られることで、裂けるように生じた骨折を裂離骨折と呼びます（図3）。

　また、皮膚損傷を伴うか否かで単純骨折、複雑骨折と分類しますが、一般に、完全骨折や粉砕骨折と誤解されて使われがちです。このため、閉鎖骨折（骨折が体内で起きている＝単純骨折）、開放骨折（図4、折れた骨が皮膚の傷から外に出ている＝複雑骨折）の用語を用いるほうが適切です。

骨折の症状

　骨折の症状には、患部の痛み、腫れ、異常可動性（ぐらつき）があります。痛みや腫れは大部分の骨折で見られますが、異常可動性があるかどうかは、骨折の程度や部位によって異なります。

　骨は血管に富む臓器で、骨折が起きると、骨の内部を通る無数の血管が損傷を受けます。それによって多量の出血が起こります。大腿骨のような大きな骨の場合、数百mlの出血が起こります。これがいわゆる内出血で、そのために骨折の起きた周囲には強い腫れが生じます。

骨折の治療

　臓器としての骨を元通りに治すには、まず形を元の形に近い状態に整える必要があります。この操作を整復と呼びます。

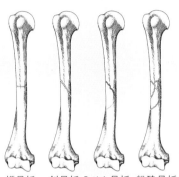

横骨折　斜骨折　らせん骨折　粉砕骨折

図1 **骨折線の入り方による分類**

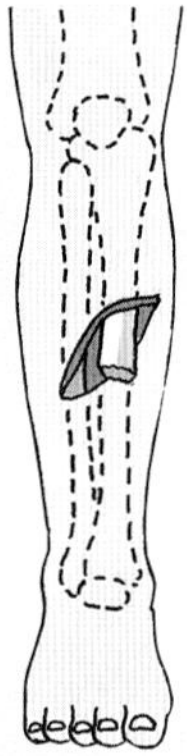

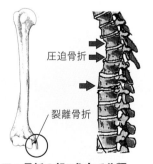

図4 **傷から骨折端が出ている開放骨折**

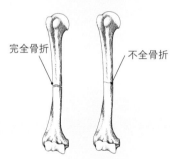

完全骨折　　　　　　　不全骨折

図2 **骨折線による分類**

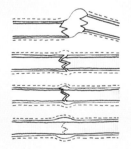

図5 **骨折癒合のプロセス**

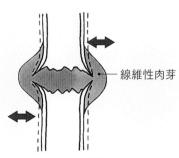

圧迫骨折

裂離骨折

図3 **骨折の起こり方で分類**

線維性肉芽

図6 **偽関節**

骨は修復能力が高く、折れた骨同士を近接させた状態で維持すれば、多くは自然にくっつきます。これを癒合といいます。まず、骨の前段階として仮骨という軟らかい組織ができ、その内部にカルシウムが沈着することで、硬い骨になっていくのです。骨の周囲の骨膜に沿って作られる仮骨と、骨折した断面をつなぐように作られる仮骨が連結し、ひと続きの骨にしていきます（P39・図5）。仮骨がレントゲン撮影で写るようになるのは、受傷して3週間ほど経った頃です。仮骨がしっかりした骨に成熟し、骨癒合といえる状態になるまでに2〜3カ月かかります。

折れた骨同士が近接した状態に維持されず、動いてしまうと、その間に骨を作ることができません。その結果、骨と骨がつながらず、偽関節という状態になってしまいます（P39・図6）。

偽関節になると、いつまでも痛みが残ります。また、関節を動かしたり、骨に付着する筋肉が収縮したりすると、違和感や骨のずれる感覚が生じます。そのため、運動できない状態になってしまいます。

偽関節になりやすいのは、骨膜や筋肉が大きな損傷を受けた骨折です。特に開放骨折では、骨に栄養を送る血管も大きなダメージを受けるため、偽関節になりやすいことが知られています。

骨折の治療では、折れた骨同士を近接し

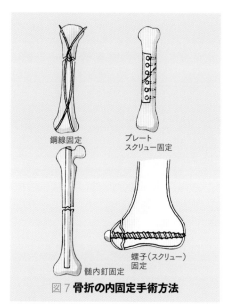

鋼線固定　　プレート
　　　　　スクリュー固定

髄内釘固定　　螺子（スクリュー）
　　　　　　　　固定

図7 骨折の内固定手術方法

た状態で固定することが大切です。安定した骨折では、ギプス固定など、体の外側で骨折部を支える方法を取ります。

折れた骨同士を近接した状態で維持できない場合は、手術を行って固定します。金属の固定具で骨折を動かないように治療する方法を内固定といいます。内固定には、鋼線固定、プレートスクリュー固定、髄内釘固定、螺子固定（スクリュー固定）などの方法があります（図7）。

疲労骨折の定義

通常の骨折は、大きな力によって骨が壊れます。これに対し、疲労骨折では、1回

では骨を壊し得ない程度の力が繰り返し作用した結果として、ミクロな壊れが発生します。このミクロな壊れは、骨を構成している骨単位の境界線に沿って生じる亀裂と考えられています（図8）。

したがって、疲労骨折では、臓器としての骨の壊れはほとんどなく、骨組織としての損傷が起きているだけだと考えることもできます。

この亀裂を修復していく過程では、骨からカルシウムを運び出す破骨細胞が損傷部分の表面をいったん吸収し、その後で、骨にカルシウムを運び込む骨芽細胞が新しい骨を作るのだと考えられます。また、骨膜でも亀裂部を上塗りするように新しい骨が作られます。写真1が亀裂の発生から約3週間後です。多くはこの時点で、レントゲン撮影により疲労骨折と診断されます。

これより前にレントゲン撮影を行っても画像に写らないため、診断できません。そこで、疑わしい場合には、1〜2週間後に再度レントゲン撮影を行います。

筋肉による引っ張り、あるいは体重をかけることによるたわみがない部位であれば、亀裂は通常1カ月程度で自然に癒合します。しかし、引っ張りやたわみが加わる部位だと、亀裂を引き離す力が加わるため、徐々に亀裂の周囲の骨が吸収され（写真1右）癒合が起こりにくくなります。代表的なのが脛骨前方の疲労骨折（跳躍型疲労骨折、P142）や、第5中足骨基部の疲労骨折（ジョーンズ骨折、P166）です。

疲労骨折は長距離走の選手に多く、中でも骨密度の低い選手に多発する傾向があります。1年に数カ所の疲労骨折を起こしたり、大腿骨や骨盤などの大きな骨の疲労骨折を起こしたりする選手は、大部分が骨密度の低い選手です。このような場合、予防のために、栄養の摂取やトレーニング量を考え直す必要があります。

図8 **骨単位の境界に生じた亀裂**

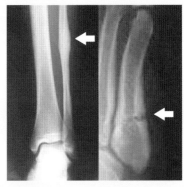

写真1 **骨膜に沿った仮骨と皮質の吸収**

2 軟骨の障害 ●骨端症、離断性骨軟骨炎

軟骨は骨に比べて再生能力が低く、損傷を受けると元通りに治りにくい組織です。

骨端症

スポーツ中に発生する軟骨の障害で、特に成長期の選手によく見られるのは、成長軟骨部の損傷です。これらを総称して「骨端症」といいます。

膝に発生するオスグッド病（P136）が最も有名ですが、その他にも、かかとの骨に発生するシーバー病、足の中足骨頭に発生するフライバーグ病など、多数の骨端症があります（図1）。これらの病名は、いずれも研究者の名前から取られたものです。

成長期には骨の両端の関節より少し離れた部位に成長軟骨層があります。この成長軟骨より中心側を骨幹部、成長軟骨より先端側の部分を骨端核といいます（写真1）。

骨端症が発生するメカニズムはさまざまです。骨端核に付着する靭帯や腱で引っ張られて成長軟骨層が引き裂かれるタイプもあれば、荷重や筋力によって圧迫力を受けて起こるタイプもあります。

たとえば、オスグッド病は、大腿四頭筋の引っ張る力が、膝蓋腱を介して脛骨の骨端核に作用することで起こります。シーバー病は、足底腱膜やアキレス腱の張力により、骨端核が圧迫を受けて発生します。成長軟骨層が張力を受けたときのウイーク

ポイントになる成長軟骨層のために、血管が伸びることができず骨端核が血流不足になる、といった原因もあります。

骨端症は、強い負荷がかからないようにスポーツの量や強度を調節することで、基本的には落ち着きます。ただし、中にはペルテス病のように、大腿骨の骨端核が変形してしまう危険性があるものもあります。この場合には、体重がかからないようにする厳重な管理が必要になります。

離断性骨軟骨炎

関節を構成する向かい合った骨の表面は、関節軟骨で覆われています。成長途上の子どもは、関節軟骨も厚くなっています。離断性骨軟骨炎は、関節軟骨とその下にある骨の一部が周囲から剥がれ、関節炎症状を起こす障害です。

剥がれ方によって、①骨軟骨片に浮き上がりがないもの、②骨軟骨片が浮き上がって関節表面に突出しているもの、③骨軟骨片が関節表面から完全に離れているもの、という3タイプに分類できます（図2）。

完全に離れた骨軟骨片は、関節内遊離体あるいは関節ネズミと呼ばれています。関節の中を動き回り、いろいろな部位にはさまって関節の動きを妨げます。

このような骨軟骨の離断がなぜ起こるのか、必ずしも明らかにはなっていません。

ただ、体重のかかる下肢の関節では、ジャンプ、着地、方向転換など、強い衝撃が加わることが原因ではないかと考えられています。最も発生しやすいのは膝ですが、足関節、肩、肘に発生することもあります。

　骨軟骨片の浮き上がりが軽い場合や、直接に接触することがない部位で起きている場合は、関節に水がたまるなどの関節炎症状くらいしか現れず、この病気独特の症状でないため、見逃されることがあります。

　この段階であれば、骨軟骨片の底に細い針金で穴を開けるドリリングという治療を行い、骨の中心からの血行を促します。

　骨軟骨片が剥がれて関節内遊離体になっている場合には、関節内ではさまる陥頓症状を引き起こす危険があるため、取り除く手術が必要になります。

　関節表面の向かい合う形が変化してしまうと、関節の動きに支障が出ます。可動域が制限され、伸ばしきれない、曲げきれないなど、変形性関節症のような症状が現れることになります。

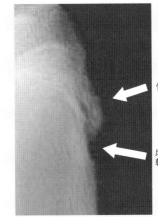

骨端核

成長軟骨層

写真1 **骨端核と成長軟骨層**

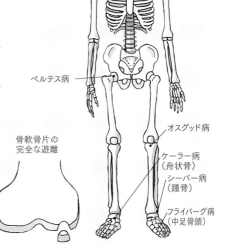

ペルテス病

オスグッド病

ケーラー病
（舟状骨）

シーバー病
（踵骨）

フライバーグ病
（中足骨頭）

骨軟骨片の
浮き上がりなし　　骨軟骨片の
浮き上がり　　骨軟骨片の
完全な遊離

図2 **離断性骨軟骨炎の分類**　　図1 **骨端症のいろいろ**

3 筋の障害 ●肉ばなれ、筋挫傷、筋肉痛

肉ばなれ

　筋肉に起こる急性のケガとして、最も身近なのは筋線維が切れる「肉ばなれ」でしょう。外部からの力を受けておこるのではなく、自分の動作や筋力によって筋線維が切れてしまうのです。

　肉ばなれを起こすときに発揮されている力は、筋肉が縮もうと短縮するときに発生する力（短縮性収縮あるいは求心性収縮・図1）ではなく、伸ばされながら発生する力（伸張性収縮あるいは遠心性収縮）であることがほとんどです。英語では、このような収縮を eccentric contraction と呼び、日本でもエキセントリック収縮という言葉が使われるようになっています。

　肉ばなれが最もよく発生するのは、大腿の後ろ側のハムストリングです。その他、大腿の前側の大腿四頭筋、ふくらはぎの腓腹筋にもしばしば見られます。これらの筋肉に共通しているのは、2つ以上の関節を越えて伸びる2関節筋であるということです。2関節筋は、2つの関節の動きの影響で長さの変化が大きく、2つの関節が筋肉に対して同じ作用を及ぼす方向に働くとは限りません。こうした特徴があるために、損傷が起こりやすいと考えられています。

　たとえば、ランニング中に接地している脚のハムストリングは、股関節を伸展させるために収縮して力を発生させますが、膝が伸展することで伸ばされます。そのため、伸張性収縮が起こり、肉ばなれが発生しやすくなるのです（図2）。

　肉ばなれでは、筋線維が急に引っ張られ、ちぎれるように切れます。英語では、muscle strain と表現されます。実際に超音波検査やMRIの画像を見ると、筋線維から腱や腱膜（筋膜）につながる連結部で切れていることがわかります（図3）。

　力が加わって損傷が生じるときには、力学的に最も弱い部分に損傷が生じると考えられます。筋肉であれば、筋線維の途中で切れるよりも、筋線維と腱などの連結部、つまり伸び縮みの性質の異なる境界部分で切れるのだと解釈できます。

　筋線維が切れたことで生じた隙間には、おそらく血液などの体液がたまります。やがてその中に、腱や腱膜と筋線維をつなげるための線維組織（筋線維とは異なる、腱に近い組織）ができ、隙間が埋められていきます。十分な強度で線維組織ができ、腱や腱膜と筋線維とがつなげられると、筋肉の収縮に耐えられるようになり、筋腱複合体としての機能が回復します（P29 参照）。このように回復するまでの期間はだいたい1カ月程度と考えられます。

　肉ばなれでも、より強い力が加わったときには、大量の筋が切れることがあります。その場合には、肉ばなれというよりも筋の部分断裂と呼ぶほうが適当です。ハムスト

リングや大腿直筋では、1つの筋の半分以上（ときには全体）が切れるような筋断裂が起こることもあります。

筋挫傷

　筋肉に外部からの力が加わり、筋肉が押しつぶされるケガが「筋挫傷（きんざしょう）」です。物とぶつかったり、他の選手の体と衝突したり

した場合に起こります。筋挫傷は英語で muscle contusion と表現されます。

　筋挫傷では、筋線維やその周辺にある毛細血管が押しつぶされ、筋の損傷だけでなく、血管の損傷による内出血も起こります。そのため、損傷部分の圧力が急激に高くなり、圧力のために筋肉内の血流が途絶えると、強い痛みと筋肉の壊死（えし）を招くコンパートメント症候群（P146）を引き起こすこ

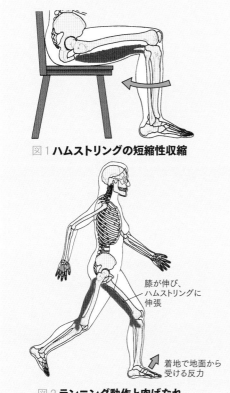

図1 **ハムストリングの短縮性収縮**

膝が伸び、
ハムストリングに
伸張

着地で地面から
受ける反力

図2 **ランニング動作と肉ばなれ**

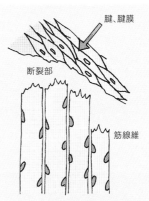

腱、腱膜

断裂部

筋線維

図3 **肉ばなれで生じた断裂**

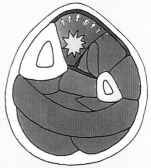

図4 **コンパートメント症候群**

ともあります（P45・図4）。

　また、大腿の筋挫傷の項（P114）で述べるように、骨の近くで損傷が起こると、骨の周りの本来は骨のない場所に骨ができてしまうことがあります。これを異所性骨化といい、骨化性筋炎という合併症も起こります（図5）。

　血管の損傷による内出血は、患部を冷やし、圧迫することで最小限にとどめることができます。その意味で、応急処置の基本であるRICE処置※を行うことは重要です。

筋肉痛

　強いトレーニングなどで起こるいわゆる筋肉痛は、筋の慢性障害と考えることができます。筋肉痛はトレーニングの直後にも起こりますが、数時間から数日後まで、発生期間の範囲もさまざまです。

　通常の筋肉痛では、肉ばなれのような筋線維の断裂は起こっていません。しかし、筋線維の内部で筋節構造が壊れていることが、電子顕微鏡による観察でわかっています（写真1）。また、筋線維の細胞膜の透過性(物質を通す度合い)が変化したり、炎症反応が起こったりすることで、MRIや超音波検査の画像にも色調の変化が現れます。

　このような損傷は、筋線維の周囲に存在する筋衛星（サテライト）細胞によって修復されます。

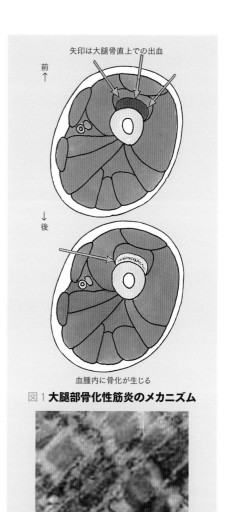

図1 **大腿部骨化性筋炎のメカニズム**

写真1 **疲労した筋内の顕微鏡写真**

※ RICE処置
応急処置の基本テクニック。外傷が生じたときに、①安静(Rest)、②冷却(Ice)、③圧迫(Compres-sion)、④挙上(Elevation)の順に処置を行うため、それぞれの英語の頭文字を取って「RICE」と呼ぶ。

4 腱の障害 ●腱炎、腱断裂、腱鞘(周囲)炎

腱炎

腱は筋肉の収縮力を骨に伝えているだけではなく、自らも伸びることでエネルギーをたくわえ、スポーツの動作にも関係しています。ただ、強度には限界があり、アキレス腱のように強靭な太い腱でも、強い力が加われば切れることがあります。

腱に加わる力と腱の長さ（伸び）との関係は、数十年前の研究で明らかになっています。これによると、腱が4％程度伸ばされるとコラーゲン線維の一部が断裂し、8％伸ばされると全体的な断裂が起こることになっています（図1）。

スポーツ選手の日常的なトレーニングにおいて、腱がどのくらい伸びているかについては、数％から十数％までさまざまな見解があります。明確なことはわかりませんが、トレーニング中にコラーゲン線維の一部が損傷している可能性はあります。

このようなメカニズムで腱のコラーゲン線維の一部が切れ、それに対する炎症や修復反応が起こっているのが「腱炎」と呼ばれる状態です。ただ、他の運動器の損傷と異なり、明確な炎症の所見がないことから、「腱炎」よりも「腱症」と呼ぶほうが適切ではないかという意見もあります。

腱の内部に硬いしこりができて動きを妨げる場合には、それを取り除く手術が行われることがあります。それ以外は、積極的な治療方法がありません。

腱断裂

切れた腱の線維が多く、肉眼的に確認できる場合には、「腱部分断裂」という診断名が適切と考えられます。さらに、ある特定の筋肉に連結する腱全体が切れた場合には、腱断裂、あるいは腱完全断裂と呼ばれます。

腱の断裂は、スパッと切れるのではなく、ほとんどの場合、ロープが切れたときのように、断端がバサバサになっています（図2）。特に慢性的に腱炎があった場合に

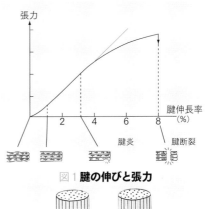

図1 腱の伸びと張力

図2 連続した腱と断裂した腱

は弱っていた腱が切れるため、広範囲にわたってバサバサした断端になっています。

腱断裂の治療は、縫い寄せる方法と、固定によって癒合させる方法とがあります。最近では、アキレス腱断裂の治療で固定で癒合させる方法が一般的になっています。線維組織の再生は活発なので、腱の断端同士を接触した状態に保つことができれば、癒合は起こります。安静が保ちにくい腱や、細く再生が難しい部位では、手術で縫い寄せる方法が選択されます。

腱鞘（周囲）炎

腱は筋肉の収縮力によって骨を引っ張りますが、その際に周囲の組織との摩擦が生じます。そこで、腱が滑らかに動くように、腱の周囲には滑りを助けるための腱鞘が発達しています（P31参照）。しかし、腱鞘の働きを超えるような摩擦や衝突が繰り返されると、腱鞘に炎症が起こります。腱そのものの炎症である「腱炎」に対し、「腱鞘炎」あるいは「腱周囲炎」と呼ばれるのがこの症状です（図3）。

腱鞘炎になると、腱鞘の中の潤滑液（滑液）が炎症性の液体と合わさって増加し、患部が腫れ上がります。また、腱鞘の壁の膜も摩擦によって厚くなり、腱の動きが押さえ込まれたり、引っかかりやすくなったりします。これが腱鞘炎の症状として現れ

る動きの制限や弾発現象の原因です。

腱鞘炎の状態が長期化すると、腱鞘が厚く硬くなり、腱鞘の隙間から腱に向かう血管が圧迫され、血行が途絶えてしまうことがあります。こうなると腱は血行不良で小さな損傷を修復できなくなり、腱症が悪化していくと考えられます。

腱鞘炎の治療では、腱の周りに抗炎症薬を注入するブロック治療が行われます。慢性化して腱の動きが悪くなっている場合には、腱鞘に切れ目を入れて広げる腱鞘切開という手術が行われます（図4）。

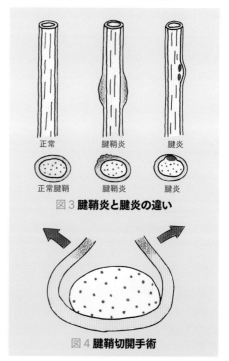

正常　　腱鞘炎　　腱炎

正常腱鞘　　腱鞘炎　　腱炎

図3 **腱鞘炎と腱炎の違い**

図4 **腱鞘切開手術**

5 関節の障害 脱臼、亜脱臼、捻挫、靱帯損傷

スポーツでは、関節部分に大きな力が加わることがしばしばあります。その結果、関節が壊れる障害が発生します。

脱臼と亜脱臼

関節を構成している向かい合う骨同士の位置関係が完全に壊れたものを「脱臼」といいます。少しでも位置関係が残っている場合が「亜脱臼」です。

脱臼や亜脱臼が起きるときには、関節を制動している靱帯や関節包も損傷を受けています（図1）。場合によっては、靱帯とともに付着部の骨の一部が剥がれることもあり、これは裂離骨折と呼ばれます。どの程度の損傷を伴うかは、関節に加わった外力の大きさや、関節の形によって異なっています。

ある関節において脱臼が頻繁に起こるようになった場合、「脱臼グセがついた」という表現をよくします。しかし、これは決してクセがつくようなものではありません。関節を制動している靱帯や関節包が、十分な

機能を果たさなくなっているために起きる現象です。このような状態で起こる脱臼を「反復性脱臼」といいます。

脱臼や亜脱臼の治療は、関節の位置関係を元に戻す整復で終了するのではありません。そこから治療が始まるのです。

整復後は、損傷を受けている靱帯をきちんと適切な位置で癒合させるため、圧迫や固定を行うことが大切です。それには、サ

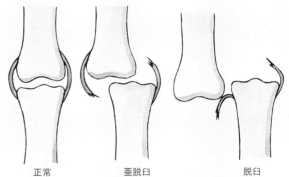

正常　　　　　　亜脱臼　　　　　　脱臼

図1 **正常な関節と亜脱臼、脱臼を起こした関節**

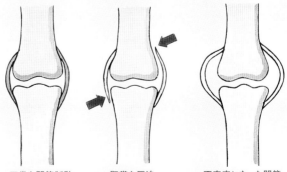

正常な関節制動　　靱帯を圧迫　　不安定になった関節

図2 **関節損傷の治療と後遺症**

ポーター、ブレース、テーピングなどによる圧迫と固定が効果的です。

　靭帯が骨から剥がれるように損傷を受けた場合、もし元の付着部に癒合しないと、靭帯にゆるみが残り、不安定な関節になってしまいます（P49・図２）。このような後遺症を残さないためには、治療の初期に適切な圧迫を加え、癒合を助けることが大切です。損傷を受けてから数週間以上が経過し、その時点で圧迫し直しても、不安定性を改善することはできません。

捻挫、靭帯損傷

　捻挫という病名は、関節をひねったということを表わしているだけです。ただ、関節をひねったときには、多くの場合、骨の位置関係を制動している靭帯が損傷を受けています。したがって、「捻挫＝靭帯損傷」と考えても大きな間違いはありません。

　靭帯は腱と同じように、コラーゲン線維の束から成る組織です。靭帯と骨との接合部は、靭帯の線維が骨に突き刺さるようになっていて、固くくっついています。腱と骨の接合部と同じ構造です。

　靭帯損傷は、このような骨との付着部で起こるものと、靭帯の実質部（線維の部分）で起こるものとがあります。

　靭帯損傷の治療は、脱臼と亜脱臼の項で述べたように、圧迫して固定することが１つの方法です。その他、靭帯を骨に縫いつける方法もあります（図３）。

　靭帯損傷を繰り返して靭帯組織が減ってしまい、縫い合わせたり、縫いつけたりすることができない場合には、靭帯の再建という方法をとります。人工の靭帯を用いたり、本人の腱を用いたりして、これらを本来の靭帯の位置に縫いつけます（図４）。

　再建に用いる人工靭帯は、メッシュ状になった人工の線維で、本人の靭帯組織が再生するのを誘導する形状になっています。また、靭帯の代わりにする腱は、採取してもあまり問題が生じない腱が使われます。手首の手のひら側にある長掌筋の腱、下肢の半腱様筋の腱などが使われます。

　膝の前十字靭帯損傷の再建手術では、半腱様筋の腱や膝蓋腱が用いられますが、最近では、膝蓋腱を用いることが多くなっています。足関節の靭帯の再建手術には、足底筋や腓骨筋の腱が使われています。

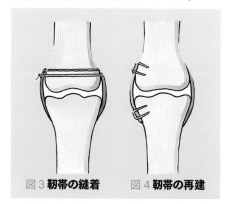

図３ 靭帯の縫着　　図４ 靭帯の再建

6 神経の障害 神経損傷、神経炎

スポーツによる障害の中には、神経が損傷されるケガや、神経が摩擦や圧迫により炎症を起こすケガがあります。

神経損傷、神経炎

神経細胞は軸索突起という非常に長い突起を持っています。この突起が束になり、目に見える太さの神経を構成しています。

神経の損傷には、内部の軸索突起のみの損傷から、神経の束を取り囲む周膜という膜も含めて完全に切れる損傷まであります。神経が強い圧迫を受けた場合には、軸索突起の損傷が起こり、軸索突起内の流れが途絶することがあります（図1−①）。途絶した部位から末梢寄りの軸索突起が壊死することもあります（図1−②）。さらに、軸索が切れてしまう損傷（図1−③、④）や、周囲組織や周膜まで損傷されるもの（図1−⑤）もあります。

たとえば、肘の内側の尺骨神経を打撲して手の小指側がしびれても、数分で回復するのは、①タイプの障害だからです。手枕をして眠ったために、手関節や指が伸展できなくなり、回復まで1カ月以上かかることがあります。これは②タイプの損傷です。骨折に伴って神経が切れている場合には、⑤の損傷になります。

図1の①〜④の損傷は、多くの場合、軸索が自然に回復したり、再生したりして治

ります。軸索の再生速度は中枢側ほど速く、末梢では遅くなります。たとえば、肩や肘では1日に5mm程度の速度で再生しますが、手関節では1〜2mmです。

また、⑤の場合、軸索が伸びるための道すじも損傷しているので、これが離れていると軸索の再生は起こりません。その場合、神経腫（図2）という神経のこぶを作ってしまい、痛みやしびれが残ります。したがって、⑤のような損傷では、神経の周囲の膜を縫い合わせる手術が必要になります。

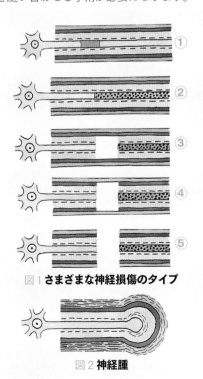

図1 **さまざまな神経損傷のタイプ**

図2 **神経腫**

スポーツ医学の進歩

　スポーツ医学の臨床はどんどん進歩し、診断・治療も日進月歩です。私自身が医学部を出て整形外科研修を始めた頃は、まだMRIも研究段階で、現在のような鮮明な画像は想像もできない状況でした。

　前十字靭帯損傷の診断は、徒手テストと診断のための関節鏡検査に基づいていました。治療も腸脛靭帯を用い、関節を大きく切開しての靭帯再建が行われ、1カ月間ぐらいのギプス固定がされていました。それが現在はMRIで容易に診断ができ、小切開のみで関節鏡で見ながら膝の内部で操作する靭帯再建が可能になりました。再建に用いる材料の選択も、組織の強度に基づき膝蓋腱や半腱様筋腱が用いられ、安定性が増し、復帰までのリハビリテーションスケジュールも標準化されてきました。

　脳しんとうでは、昔は「魔法の水」と称して頭から水をかけてまもなく練習や試合に戻っていたのが、NFLの元選手たちの引退後の病状やMRI所見から脳しんとうを軽視してはならず、症状や所見を医学的にチェックし、安全に段階的に復帰させることが世界標準となりました。さらに最近では、小学生など年少者ではヘディングを禁止するべきとの見解もイングランドで提案されています。

　このような専門的な情報が、現在は本やインターネットで入手しやすく、選手たちもある程度の予備知識を持ってドクターと話ができるようになっています。

　その結果、私たちはどのように治療・管理すれば、いつ頃、どの程度の復帰が可能かを、明確に選手に説明できるようになり、選手は競技や仕事、学業のスケジュールを考慮して計画を立てやすくなりました。

　スポーツ医学の役割はこれまで、スポーツによって発生する障害や疾病の診断と治療が主と思われていましたが、徐々に予防に力が注がれるようになってきました。つまり、発生した問題を解決するだけではなく、問題を発生させないための取り組みが活発に研究されています。

　各傷病の予防の項で少しずつ記してありますが、傷病が起こりやすい状況、傷病を起こしやすいタイプの選手が明らかにされてきて、それらの情報から予防手段が考案されています。プロテクター（防具）やブレース、用具の開発や改善、競技動作やフットワークのスキルアップ、場合によっては危険なプレーを反則とするルール改正などさまざまな方面の予防手段が現実に用いられています。最も重要な選手の体については傷病を発生しやすい危険因子を検出し、コンディションをも把握するメディカルチェックが浸透しつつあります。このように、安全で高いパフォーマンス発揮を支えることに、スポーツ医学は貢献しています。

第2章

臨床編
運動器の障害

ここからは、スポーツ障害のうちの「運動器の障害」についての詳細を紹介する。

知っておかなければならない障害を、部位別・症状別に分類。

わかりやすく解説された発生機転から治療・予防に至るまでを理解しよう。

≪1 頭部の障害

1 脳しんとう

脳は重要な臓器で、運動するためにも、試合の戦略を考えるためにも、人間らしく生きるためにも、欠かすことのできない働きをしています。

脳しんとうとは、頭に衝撃を受けることで、意識に変化が起こるものの、出血などの明らかな変化がなく、比較的短時間で回復するものを指します。明らかな異常がないものを脳しんとうと診断するため、このとき脳で何が起きているのか、はっきりしたことはわかっていません。

発生機転 頭蓋骨の中で脳が動いて起こる

頭蓋骨の中には脳脊髄液という液体が満たされ、その中に脳があります。水を入れたボウルに豆腐が浮いている状態とよく似ています。

頭部に強い衝撃が加わると、頭蓋骨の動きに脳がついていけず、脳と頭蓋骨の間のずれが大きくなります。そのため、頭蓋骨の内側と脳の表面をつなぐ血管が引っ張られ、意識障害などの症状が現れるのではないかと考えられています。

衝撃には、前後方向に加わるものと、頭を回転させる方向に加わるもの（図1）の2種類があります。

タックルなどで選手との衝突で起こる場合は、回転方向の衝撃が多いようです。回転方向の衝撃が加わると、脳はその回転と逆方向にずれます（図2）。

症状 記憶が消えたり意識を失ったり

重大な症状は意識障害です。意識障害には、少しボーッとする状態から、意識を失う失神まで、さまざまな程度があります。

記憶の障害も重大な症状で、これには2つのタイプがあります。脳しんとうを起こす前の記憶がしばらくの間失われるのが逆行性健忘、脳しんとう後の記憶が定着せずに記憶されないのが順行性健忘です。

その他、脳しんとう後には、頭痛、吐き気、耳鳴り、抑うつなど、さまざまな症状が生じることがあります。

診断 重大なケガがないことが決め手

脳しんとうを確定診断するための方法は、現在のところありません。したがって、①頭に衝撃が加わったという発生機転がある、②ある程度の意識障害や、脳しんとう後症状がある、③脳しんとうよりも重大なケガ（たとえば頭蓋内出血など）を示唆する症状がない、という条件がそろった場合に、脳しんとうと診断します。

重大なケガがないことを証明するのは、それほど簡単ではありません。現場では、さまざまな症状と、その変化を観察します。頭痛、意識障害、吐き気などが悪化していくような場合には、医療機関（脳神経外科）を受診し、CTやMRIなどの検査を受けるようにします。

治療 安静にして頭部や頚部を冷やす

現場では、安全な場所で横にさせ（安静）、頭部や頚部を冷やします（冷却）。頚動脈には脳に行く血液が流れているので、頚部の左右両側に氷などを当てると、効率よく脳を冷やすことができます。

頚部にもケガをしていることがあるので、必要に応じてカラー固定（P59 参照）などによる頚部の保護を行います。

脳しんとうを疑う場合は当日運動に復帰させてはなりません。安静にして経過観察し、頭痛などすべての症状が消えたら軽い有酸素運動から試みます。その後も段階的に戻していくことが原則です（表1）。

予防 タックルなどの基本を習得する

脳しんとうを起こすような衝撃は、すべてが予防可能なものとは限りません。しかし、ラグビーやアメリカンフットボールのような他の選手との衝突がある競技では、タックル、受け身などの基本動作を確実に習得することが予防につながります。また、頚部の筋力を強化しておくことも、衝撃が加わったときの頭の揺れを小さくするのに役立つ可能性があります。

図1 頭部の回転

図2 頭蓋骨と脳の回転

リハビリステージ	運動範囲	目的
❶最低安静期間	症状がない状態での体および脳の絶対安静。	リカバリー
❷軽い有酸素運動	10〜15分間の軽いジョギング、水泳、または低〜中度のエアロバイク。筋力トレーニングはしない。24時間ずっと症状がないこと。	心拍数の上昇
❸競技に特化した運動	ランニングドリル。頚部に衝撃を与える活動はしない。	動きを加える
❹ノンコンタクト・トレーニングドリル	さらに複雑なトレーニングドリルに進む。例:パスドリル。漸増負荷による筋力トレーニングを始めてもよい。	運動、協調、認知的負荷
❺フルコンタクトの練習	通常のトレーニング活動。	自信を回復させ、コーチングスタッフが機能スキルを評価する
❻競技への復帰	プレーヤーは元の活動に戻る。	回復

表1 GRTP（段階的競技復帰）プロトコル

2 頭蓋内出血

頭蓋骨の中で発生する出血のすべてを含めて頭蓋内出血といいます。出血する部位によって、硬膜外出血、硬膜下出血、くも膜下出血、脳内出血などに分けられます。

発生機転 脳が動いて血管が切れる

頭部に強い衝撃が加わることにより、頭蓋内のどこかで血管が切れて出血が起こります。スポーツ中に起こる頭蓋内出血の代表的なものは、脳の表面と硬膜（頭蓋骨の内側を覆う膜）との間をつなぐ架橋静脈（図1）に起きます。頭部に衝撃が加わり頭蓋骨が急激に回転すると、硬膜と脳のずれが大きくなります。そのため、架橋静脈が引っ張られて切れ、硬膜下に出血が起こるのです。

頭部に硬い物体が衝突して起こる頭蓋内出血では、頭蓋骨の骨折を伴うこともあります。この場合には、硬膜外出血という形をとります。最も重篤なのは、頭蓋骨骨折とともに、脳そのものに損傷を受ける脳挫傷を伴うものです（図2）。これは投てきのハンマーの衝突などで起こります。

まれに、頭部への衝撃がないにもかかわらず、スポーツ中に脳内出血が起こることがあります。こうした例の中には、もともとあった脳の血管の動脈瘤が競技中の血圧上昇で破裂したと思われるものや、生まれつきの脳血管の奇形などが原因となるものが含まれています。

症状 時間の経過とともに悪化する

頭部に衝撃を受けた直後から、意識がないとは限りません。最初は応答可能な状態ですが、時間経過とともに悪化し、激しい頭痛、嘔吐、意識消失と、進行する場合があります。これらの症状は、出血の量が増えることにより、頭蓋骨内で脳が圧迫されることによって起こります（図3）。出血が少ないと症状の出現が遅れることがありますが、ほとんどの場合、数分から数時間以内に現れます。

診断 CTやMRIで出血を確認する

現場で症状の経過を観察し、CT や MRI で出血を確認して診断します。

治療 血腫があれば取り除く手術

頭蓋内出血が疑われる場合には、吐いたもので気道が詰まらないように昏睡体位（図4）を取らせ、救急車を待ちます。

出血がたまって血腫ができている場合には、脳の圧迫を軽減させるため、血腫を取り除く手術が行われます。この治療は時間が勝負となります。時間が経って血腫が大きくなり、脳の損傷が大きくなると、回復できる程度にも限界があるからです。

予防 脳の異常の有無をチェックする

タックルや受け身など競技の基本動作を習得することや、頚部の筋力強化に取り組むことが予防に役立ちます。

また、ボクシング、ラグビー、アメリカンフットボールなど、頭蓋内出血の危険性が高い競技の選手は、透明中隔嚢（脳の中央部分に異常な空洞がある）や、くも膜嚢腫（くも膜に液のたまった袋がある）といった異常がないことをチェックします。異常が発見された場合には、これらの競技を行うのは好ましくありません。

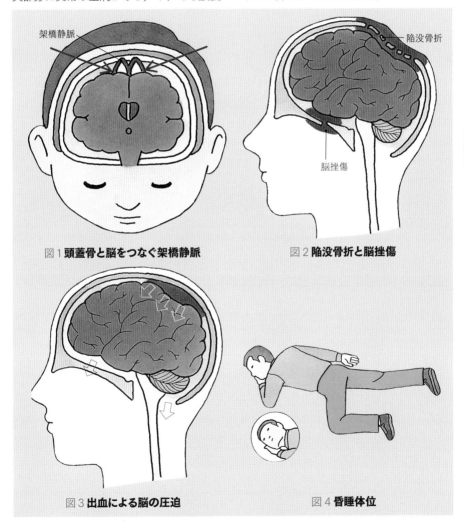

図1 頭蓋骨と脳をつなぐ架橋静脈

架橋静脈

図2 陥没骨折と脳挫傷

陥没骨折

脳挫傷

図3 出血による脳の圧迫

図4 昏睡体位

《2 頚部の障害

| バーナー症候群

頭部から衝突して首が後方や後側方に反らされたとき、肩や腕に、灼熱感あるいは鋭いしびれが走ることがあります。これを、アメリカンフットボールの世界ではバーナー症候群と呼んでいます。バーナーで焼かれるような症状があるところから、こう呼ばれているのです。相撲の世界では「電気が走る」と表現しています。

バーナー症候群自体は、特に心配すべき障害ではありません。

発生機転 神経根の一時的な損傷

頭部から衝突したときに、首が後方や後側方に反らされるために起こります。それによって、頚部から肩や腕に伸びている神経の根元である神経根が損傷を受け、症状が現れるのです。

首が反らされたとき、反らされた側の神経に症状が出る場合と、その反対側に症状が出る場合とがあります（図1）。

たとえば、首が右後側方に反らされ、右側の肩や腕に症状が現れることがあります。この場合には、右側の神経根が、周囲の骨と衝突して起こると考えられます。また、首が同じように右後側方に反らされているのに、左側に症状が現れる場合には、神経根が引っ張られることで症状が現れていると考えられます。

バーナー症候群は神経根が刺激されて起こりますが、神経根に明らかな傷はできていません。そのため、一時的な症状しか現れないのです。肘の内側を机の角などにぶつけると、前腕から手の内側がしびれることがあります。これと同じようなものなのです。

症状 一時的なしびれと脱力

しびれ、感覚の異常、筋力の低下（脱力）などの症状が現れます。ただし、これらは一時的なもので、数分から1時間以内で回復します。

損傷を受けた神経の支配領域に、マヒが起こり、感覚や運動の異常が生じます。どこに異常が生じているかによって、何番目の頚部神経根が損傷を受けたのかを推測することができます（P23参照）。

診断 一時的であることがポイント

一時的な症状に終わり、そのまま回復するようであれば、バーナー症候群と判断します。この場合、診断のために特に検査を追加する必要はありません。発生機転と症状の現れている発生部位を把握することで、十分に診断できます。

翌日以降も、痛み、脱力、感覚の低下、しびれなどの症状が残る場合、あるいは、首を後側方に反らせると肩や腕にしびれやひびく痛みがある場合には、バーナー症候群ではない可能性が考えられます。このような場合、頚部の椎間板ヘルニアなどの診

断のために神経の症状や画像をきちんと検査する必要があります。

治療 特別な治療は不要

症状は一過性で、自然に回復するので、特別な治療は必要ありません。スポーツ現場では、頚部のアイシングを行います。また、同時に発生した頚部周囲筋の損傷があれば、カラー（図2）などで頚部を支えて保護するようにします。

予防 頚部の筋力を強化する

タックルで発生することが多いので、基本動作をきちんと習得することで、首が強く反らされないようにします。また、頚部の筋力を強化しておくことも、予防に役立つと推奨されています。

また、バーナー症候群がよく起こるアメリカンフットボール、ラグビー、相撲などの競技を行う選手は、定期的に頚部のレントゲン撮影を受けておくようにするといいでしょう。

それによって、神経の通路である頚椎部に骨の先天性の問題や、スポーツを行うことで起きた変化を把握することができるからです。

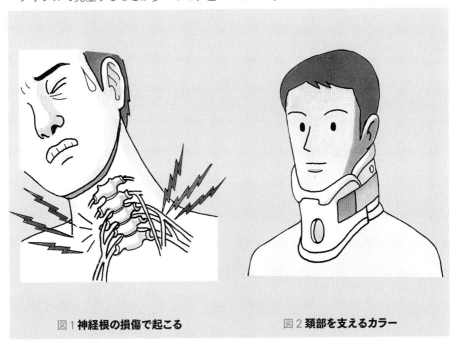

図1 神経根の損傷で起こる　　　図2 頚部を支えるカラー

2 頚髄損傷

頚椎は頭を支えるだけでなく、神経の束である脊髄を保護する役割を持っています。脊髄には腕、体幹、脚に向かう神経が集まっているので、頚椎が骨折や脱臼を起こして頚髄（頚部の脊髄）が損傷を受けると、重大な手足のマヒを引き起こしたり、ときには死亡したりすることもあります。

発生機転 頚部の過度な前屈や後屈で起こる

ラグビーやアメリカンフットボールのタックルで、頚部が過度に前屈あるいは後屈したときに起こります（図1）。また、頭頂部からの衝突でも起こることがあります。

その他、体操競技やトランポリンでの転落や着地の失敗、水泳での飛び込みも原因になります。

水泳の飛び込みによる頚髄損傷は、学校における体育の授業中に発生することがあります。飛び込み角度が深すぎることや、飛び込みに適さない浅い場所での飛び込みが原因となっています（図2）。

症状 手足のマヒが起こる

頚髄のどの位置が損傷されたかによって、発生するマヒの範囲が異なります。多くの場合、両腕と両方の下肢がマヒします。より頭に近い部位で損傷が起こると、延髄にも影響が及び、呼吸のマヒが起きたり、急死したりすることもあります。

診断 レントゲン検査やMRIで調べる

発生機転に記したような状況で手足のマヒが起きた場合には、頚髄損傷が起きていることを考える必要があります。病院では、神経機能の検査とともに、レントゲン検査やMRIによって、頚椎の損傷の程度、頚髄の損傷している部位を調べます。

治療 頭部を固定して搬送する

現場では、損傷を受けた選手を安全な場所に移動させ、救急車で病院に搬送します。頚部が不安定な場合、頭部を体幹とともに支えます。頭部を固定できる担架があると役立ちます（図3）。病院では画像検査を行い、頚椎がずれて頚髄を圧迫している場合には、手術で圧迫を取り除き、頚椎の安定化をはかります。その後、マヒに応じたリハビリテーションが必要になります。

予防 先天性の異常を見逃さない

タックルなどの基本動作の習得、頚部の筋力強化（図4）を心がけます。

また、頚髄損傷を起こしやすい頚椎の異常を発見することも大切です。頭部に近い部位の頚椎に異常がある場合（写真1、2）には、頭部や頚部に負担がかかるスポーツは好ましくありません。ラグビーやアメリカンフットボールの選手は、1度検査を受けておくことがすすめられます。

図1 **タックルで瞬間的に起こる頸部の損傷**

図2 **入水角度が深すぎると危険**

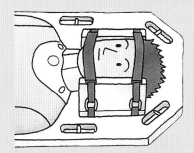

図3 **体幹と頭部を固定できる担架**

図4 **頸部の筋力強化法**

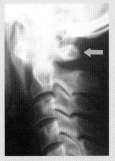

第1頸椎が通常より前方にずれているため、そこだけ頸髄の入るスペースが狭くなっている。頸椎が少しずれただけでも、頸髄が損傷を受けやすい

写真1 頸椎の異常❶

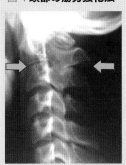

第2頸椎と第3頸椎が生まれつきくっついている。ここが曲がらないため、上下の関節に大きな力が加わり、骨折が起きやすい。第1頸椎もずれている

写真2 頸椎の異常❷

3 腕神経叢損傷

腕神経叢とは、頸椎から出た神経の枝が、肩まで行く途中で複雑に合流したり分岐したりして、つなぎ換えられる部位です（図1）。この部分に損傷が起きると、肩や腕のマヒが発生します。頸部の神経根の損傷でも似た症状が現れるため、区別が難しい場合があります。

発生機転 肩が強く引き下げられて起こる

腕神経叢が急激に強く引っ張られることで発生します。ラグビーやアメリカンフットボールで肩から衝突し、肩に対して引き下げるような強い力が働いた場合が代表的な例です（図2）。そのとき、頭部が反対側に曲がっていると、神経叢を引っ張る力はより大きくなります。

ラグビーやアメリカンフットボールでは、通常、神経叢の一部だけに損傷が起こります。最もよく見られるのは、三角筋を動かす腋窩神経の損傷です。

すべての神経が切れてしまうような損傷は、オートバイや自転車などによる高速・高強度での衝突で起こります。この場合、腕神経叢が頸椎から神経根ごと引き抜かれるような状態になります。これを特別に引き抜き損傷と呼ぶことがあります。

症状 筋肉に力が入らない

損傷を受けた神経が支配している筋肉に脱力が起こり、感覚のマヒも起こります。最も多い腋窩神経の損傷では、三角筋が動かなくなるため、肩を前や横に持ち上げる動作が難しくなります。また、肩の周囲の感覚が鈍くなります。

診断 損傷部位の確認にはMRI

脱力や感覚マヒが起きている範囲によって、損傷の範囲は推測できます。損傷の起こっている場所を確認するためには、MRI検査を受けます。

治療 自然に回復するのを待つ

ラグビーやアメリカンフットボールなどのスポーツで起こるほとんどの腕神経叢損傷は、神経の束が完全に切れることはありません。この場合、自然経過で徐々に回復していきます。

ただし、完全にマヒが起こるほどの損傷だった場合には、回復には数カ月の期間がかかります。その間、放置しておくと関節が固くなったり、筋肉の萎縮が進んだりします。これを防ぐために、他動的に肩関節を動かすリハビリテーションを、1日に数回行う必要があります（図3）。

オートバイや自転車の事故で発生する損傷では、神経根から引き抜ける形の損傷が起こります。この場合、自然に回復することは望めず、単純に神経をつなぐ手術もできません。そこで、神経の移植をして橋渡ししたり、肋骨の間を走る肋間神経を腕に

行く神経につなげたりする手術が行われています。

事故で起こるので予防は困難

　腕神経叢損傷の大部分は、事故やアクシデントによって発生し、特定の原因を考えることはできません。そのような意味では、予防は困難といえます。

　ただ、比較的軽い神経叢損傷が起きていながら、診察を受けることなくスポーツを続け、衝突する動作を繰り返したために、完全なマヒへと進んでしまう人がいます。このようなケースでは、軽傷のうちに練習を中止することが、神経マヒの予防につながった可能性があります。

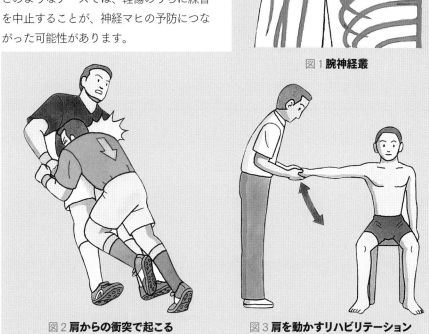

図1 **腕神経叢**

図2 **肩からの衝突で起こる**　　　図3 **肩を動かすリハビリテーション**

第2章
臨床編 運動器の障害

63

《3 肩関節の障害

| 肩脱臼

肩関節は人体の大きな関節の中では最も動きが大きく、その反面安定性に乏しい構造をしています。

スポーツ中に発生する関節の脱臼は、多くは肩関節に起こります。軽く考えがちですが、きちんと治療しないと、脱臼を繰り返すようになり（反復性脱臼）、日常生活にも支障をきたしてしまいます。

発生機転 タックルや転倒がきっかけに

腕を体の側方に上げた状態から、強い力で後方に持っていかれるのが、最も典型的な肩関節脱臼の起こり方です。たとえば、ラグビーでタックルするときに、このような現象が起きます。スキーでは、後方に転倒して手を後方に着いた場合や、真横に倒れたような場合に起こります。

上腕骨の付け根（上腕骨頭）が完全にはずれた場合を「脱臼」（写真1）、はずれ方が不完全で関節の接触が残っている場合を「亜脱臼」といいます。大部分は上腕骨が前方にはずれますが、まれに後方に脱臼が生じることもあります。

ケガによる脱臼や亜脱臼とは別に、関節が生まれつき緩いために亜脱臼を起こす人もいます。これは圧倒的に女性に多いのが特徴です。

生まれつき肩関節が緩い人が、肩を大きく動かすスポーツを行うと、容易に亜脱臼や脱臼を起こしてしまいます。

症状 腕が動かせなくなる

脱臼が起こるときには、関節がはずれる音がして、はずれる感覚があり、とたんに腕が動かせなくなります。脱臼により、肩関節の近くを通る神経や血管が引っ張られるため、手先がしびれることがあります。

亜脱臼では、関節がずれる感じがあるものの、自然に戻る感じもあります。

診断 変形と可動制限がポイント

脱臼が起きていれば、関節に明らかな変形があり、可動制限があるので、現場で診断が可能です。亜脱臼の場合には、自然に整復されるので、本人のはずれたという申告と自覚症状から判断します。医療機関では、脱臼に伴う骨折が起きていないかを調べるため、レントゲン検査を行います。

治療 関節唇、関節包の回復が重要

はずれた関節を元の正しい状態に戻します。現場で戻すこともできますが、整復に習熟している専門家がいなければ、三角巾で腕を吊って医療機関に行きます。通常はそのまま整復しますが、痛みや筋肉のこわばりが強く、簡単に整復できない場合には、麻酔をかけて行います。

整復すれば治療が終了というわけではありません。脱臼によって、軟骨や、関節を包む関節包の壁に損傷が起きているので、

それを回復させる必要があります。安静期間は、通常3週間です。反復性脱臼を防ぐためには、安静期間を守り、リハビリテーション（図1、2）を行います。

　安静中の固定は軽い外旋位を保つ写真2のような固定具が使われています。リハビリテーションを経ても安定感が回復しない場合は関節唇の損傷が修復されていないと考えられ、後述の関節鏡による手術が必要です。

予防 肩関節を安定させる筋肉を強化

　肩関節を安定させる筋肉を強化することが予防に役立ちます。リハビリテーションで紹介したトレーニングで、棘上筋と肩甲下筋が強化できます。また、肩甲骨の動きをよくし、いろいろな位置で肩甲骨を支えられるようにすることも重要です。

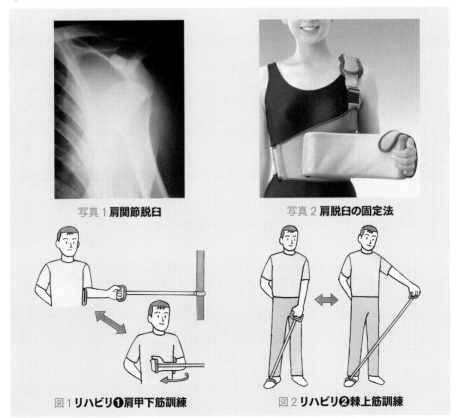

写真1 肩関節脱臼　　　　写真2 肩脱臼の固定法

図1 リハビリ❶肩甲下筋訓練　　　図2 リハビリ❷棘上筋訓練

2 肩鎖関節脱臼

鎖骨と肩甲骨をつないでいるのが肩鎖関節です。肩での衝突や肩からの転倒が起きた場合に、鎖骨の先端が肩甲骨から浮き上がり、突出してしまうことがあります（写真1）。これが肩鎖関節脱臼（けんさかんせつだっきゅう）です。

発生機転 多くは肩からの転倒が原因

鎖骨の先端と肩峰（けんぽう）（肩甲骨の外側の端）を結んでいる靱帯が断裂することによって脱臼が起こります。多くは、肩から転倒することで起こっています。やや上のほうから肩峰が押し下げられるように力が加わると、靱帯が切れて脱臼が起こると考えられています。起こりやすいのは、ラグビー、アメリカンフットボール、柔道などです。

症状 痛みと変形が起こる

肩鎖関節部の痛みと変形（図1）が起こります。腕を持ち上げようとすると、脱臼した部分に負担がかかって痛むため、腕の動きが制限されます。

診断 外見から判断できる

特徴のある変形が起こるため、外見でほとんど判断できます。鎖骨の端で骨折が起きていないどうかを確認するためには、レントゲン撮影を行います。

治療 固定すると痛みが消える

ほとんどの場合、三角巾や専用の固定具で吊ると痛みが取れ、このように患部を安静にすることで自然に治ります。鎖骨が浮いた状態が残り、変形は元どおりには治りませんが、運動可能にはなります。変形を治すには手術が必要です。

予防 受け身ができるようにする

転倒することの多いスポーツでは、転倒時にうまく受け身を取れるように練習することが予防に役立ちます。

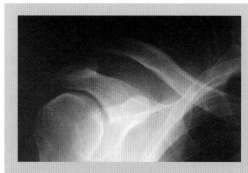

写真1 肩鎖関節脱臼

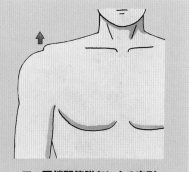

図1 肩鎖関節脱臼による変形

3 鎖骨骨折

　鎖骨骨折は、ラグビーやアメリカンフットボールのような衝突の起こる競技、あるいは柔道などの格闘技でよく発生します。また、自転車競技では転倒したときに起こることがよくあります。

発生機転 真横から加わる力が原因

　転倒したときに起こるのは、肩鎖関節脱臼とよく似ています。ただし、力の加わり方が違っていて、鎖骨骨折は転倒によってほぼ真横からの力が加わったときに起こります。真横から力が加わると、鎖骨にはたわみが生じますが、その限度を超えた場合に骨折が起こるわけです。

症状 痛みと腫れで腕を動かせない

　骨折部分に痛みと腫れが生じます。発生直後よりも、数分から数十分後に症状が強くなってきて、腕を動かすことが難しくなります。

診断 治療法決定のためにレントゲン検査

　痛みと骨折による変形で、現場でも判断することができます。医療機関でレントゲン検査を行い、折れた骨がどの程度ずれているかを確認します。それによって、治療方針を決定します（写真1）。

治療 ずれが小さければ安静だけ

　骨折した部位のずれが小さい場合には、肩鎖関節脱臼の治療と同じで、三角巾や固定具で腕を吊り、患部を安静に保ちます（図1）。これだけで骨がつながります。ずれが大きい場合には、手術によって骨をつなぐ必要があります。

予防 受け身ができるようにする

　肩鎖関節脱臼の予防と同様です。転倒したときにうまく受け身を取れることが予防につながります。

写真1 鎖骨骨折

図1 腕を吊って安静にする

4 腱板損傷

腱板とは、肩関節の安定性を保っているインナーマッスルの腱が、板状になっている部分です（図1）。この部分を損傷すると、肩の機能が大きく低下します。

腱板損傷（けんばんそんしょう）には、急性タイプと慢性タイプがあります。急性タイプは、ラグビーなどのコンタクトスポーツや、スキーなど転倒しやすい競技でよく発生します。肩を強打し、上腕が胴体のほうに押しつけられるような力を受けたときに起こります。

慢性タイプは、腕を高い位置から振り下ろす競技（オーバーヘッドスポーツ）で、振り下ろし動作を繰り返すことで、徐々に発生します。野球、バレーボール、テニス、バドミントンなどの選手によく見られます。

肩のインナーマッスルのうち、棘上筋の腱は、腕を振り上げたときに腱の真上の骨と衝突し、そのために損傷を受けやすいと考えられています。棘下筋（きょくかきん）は、振り下ろし動作の最後に、腕にブレーキをかける役割を果たしています。そのため、振り下ろし動作を繰り返すと、この筋肉は疲労しやすく、腱も損傷を受けやすくなります。

実際、野球の投手では、試合後にはこれらの筋力が明らかに低下し、肩関節の可動範囲も狭くなっています。このような疲労状態で腕の振り上げ動作を行うと、腱板と骨の衝突が普段よりも容易に生じます。

腕を振り上げたときに、違和感や痛みがあります。これが最も一般的な症状です。腱板の損傷が進むと、インナーマッスルの筋力が低下し、肩関節の安定性が失われたり、動きが不正確になったりします。

このような症状があっても、選手たちは痛みが出ないフォームでプレーを続けてしまいます。振り下ろす腕が本来と異なる下がった位置から出ていることに指導者が気づき、障害が発見されることもあります。

腱板が広範囲に断裂すると、腕が上がらなくなることもあります。若い選手では断裂はまれですが、中高年の野球やテニスの愛好家では起こることもあります。

どのような動作で痛みが出るかや、筋力低下の程度を調べることで、腱板損傷が起きているかどうかを推測できます。

棘上筋のテストとしては「ジョーブテスト」がよく行われます。検査を受ける人は、親指を下に向けて腕を斜め前方に伸ばします。検査する人は、その腕を下に押し下げるように力を加え、どのくらい抵抗できるかを調べます。

棘上筋腱の損傷があると、軽い力でも耐えられずに腕が下がってしまいます。

腱板がどの程度傷ついているかを調べるには、MRIなどの画像検査が必要です。

治療 断裂している場合には手術

軽症の場合は、運動量を減らし、インナーマッスルの柔軟性や筋力を高めるトレーニングを行って様子を見ます。

画像検査で腱板の断裂が明らかで、肩関節の動きに問題が生じている場合には、手術が必要になります。

断裂部分を縫合する手術や、他の部位から筋膜を移植してふさいだりする手術も行われます。最近では、内視鏡手術も行われています。

予防 休養してストレッチング

野球の投球動作では、コッキング期に腱板が挟まれてダメージを受けます。また、フォロースルー期には、腕を減速させるために棘下筋が引き伸ばされながら力を発揮し、筋肉の疲労や損傷を引き起こします（図2）。腱板損傷を防ぐために、インナーマッスルが疲労で硬くなっているときには、肩関節の休養を取り、ストレッチングなどでケアします。投球後のインナーマッスルの筋力回復には数日間を要することがあります。十分な間隔を空けて次の練習や試合に臨むようにするべきです。

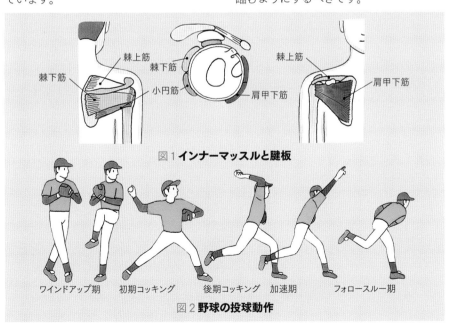

棘上筋　棘下筋　棘下筋　小円筋　肩甲下筋　棘上筋　肩甲下筋

図1 インナーマッスルと腱板

ワインドアップ期　初期コッキング　後期コッキング　加速期　フォロースルー期

図2 野球の投球動作

5 関節唇損傷

関節唇は、肩関節の骨と骨の間に存在する軟骨のクッション組織です（図1）。膝関節にある半月板と同じ構造をしています。半月板も関節唇も、本来は関節の動きを助け、衝撃を吸収し、分散することで、関節の表面が傷つかないように守っているのです。

ところが、これらの軟骨のクッションが切れたりすると、逆に関節の表面を傷つけたり、動きを妨げてしまったりする原因となります。

発生機転 タックルや転倒がきっかけに

肩関節は、肩甲骨と上腕骨がつながっています。肩甲骨に対する上腕骨の動きが限界を超えた場合、特に限界を超えたねじれや後方への動きが生じた場合に、関節唇が引っ張られて変形し、断裂などの損傷が起こると考えられています（図2）。その他、肩の脱臼のときには、関節唇の前下方にしばしば断裂が起こります。

関節唇損傷は、転倒やタックルなどにより、一度に大きな力が加わったときにも生じます。また、投球動作やテニスのストロークなどにより、上腕骨のねじれや後方への動きが、何回も繰り返し行われることも原因になります。

症状 引っかかる感覚や痛みがある

関節唇が損傷を受けると、肩関節の可動範囲が狭くなったり、関節を動かすときに、引っかかるような、つかえるような感覚が起きたりします。当然、痛みも伴います。投球動作では、振りかぶってから腕が後方にねじられるときに、症状が出やすいようです。

そのため、速球が投げられなくなったり、遠投ができなくなったりします。関節唇が骨を支えられなくなると、脱臼しそうな不安感を自覚することもあります。

診断 MRIで関節唇の切れ目を確認

腕を動かしたときに、関節の中で引っかかるような、つかえるような感覚があり、特に外旋動作がしづらい場合には、この障害の可能性があります。

確定診断のためには、画像検査によって関節唇が損傷していることを確かめます。関節唇は軟骨なので、レントゲン撮影では写し出すことができません。そこで、通常はMRIによって、切れ目が生じているかどうかを確認します。

関節唇を損傷している選手は、腱板損傷（P68）を合併していることが多いので、MRIで両方を確認しておくことがすすめられます。

治療 関節鏡手術で関節唇を縫う

関節唇が大きく切れたり、剥がれたりしている場合には、手術を行い、縫うか、切

り取る必要があります。関節唇は深いところにあるため、手術は大変です。特に筋肉の発達した選手では、手術が難しいとされてきました。

ところが、最近は関節鏡（関節のための内視鏡）で見ながら、小さな切開口から手術器具を関節内に入れ、そこで切ったり、縫ったりすることが可能になりました。その結果、手術からスポーツ復帰まで、期間が短くなり、スムーズになってきました。

予防 肩の負担を減らすフォーム

関節唇に無理な力が加わらないようにするには、肩甲骨の動きを大きく維持することが大切です。そうしておいても、転倒やタックルなどによって、肩関節をねじられるようにして起こる急性の関節唇損傷は、予防するのが困難です。

しかし、投球動作やテニスのストローク

など、繰り返し動作による関節唇損傷は、全身を使うようにすることが予防に役立ちます。正しいフォームを身につけたり、股関節や腰部の柔軟性を高めたりすることで、肩への負担を軽減することができるからです。

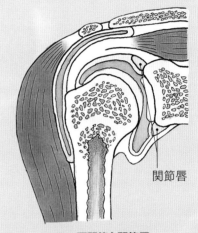

図1 **肩関節と関節唇**

関節唇

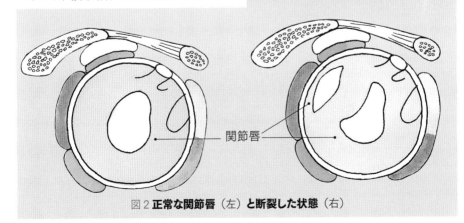

関節唇

図2 **正常な関節唇（左）と断裂した状態（右）**

《4 肘関節の障害

1 野球肘

広義には、野球で起こる肘の障害を総称して野球肘といいます。しかし、小学生や中学生の少年野球選手には特に肘の障害が多いため、これを野球肘と呼ぶこともあります。いずれにしても、いろいろなタイプの障害が含まれます。陸上競技のやり投げでも、同じような肘の障害が発生します。障害の発生する部位から、「内側型」「外側型」「後方型」に分類します。

発生機転　肘が外側に反ることで起こる

原因となるのは投球動作です。投げるときには、肘関節が外側へ反るため、これが負担になります。一連の投球動作（P69参照）の中で、コックアップ期に振り上げた腕が、加速期に向かって前方に振り出されるとき、肘関節は外側に反ります。つまり、投球を行うたびに、肘関節は外側に反っているのです。

その結果、肘関節の内側（小指側）には引っ張られる力が働き、肘関節の外側（親指側）には圧迫し合う力が働きます（図1）。こうした力が繰り返し働くことにより、少年期の発育途上の関節は障害を発生してしまいます。

●内側型

肘関節の内側には、内側上顆という突起があり、この突起の根元に成長軟骨があります（写真1）。投球動作で肘関節の内側に引っ張られる力が繰り返し働くと、軟骨層が裂けて広がる裂離骨折が発生しま

す。裂離骨折は、内側上顆全体に起こることも、一部分だけに起こることもあります。

大人の骨格では、内側の靭帯の付着部に部分的な断裂が起こります。その結果、肘関節の内側が不安定になります。

●外側型

肘関節の外側では、上腕骨小頭と呼ばれる部分が衝突や圧迫を受けます。それによって表面の軟骨が傷つき、下層の骨とともに剥がれたり、下層の骨の細胞が傷ついたりします。

また、こうした変化が進行すると、関節の中に関節内遊離体（関節ねずみ）という軟骨や骨のかけらができたり、上腕骨小頭がつぶれてきたりします。

●後方型

肘関節の後方では投球動作の後期に肘が伸ばされ、さらに伸び切るときに、上腕三頭筋に引っ張られたり、上腕骨と尺骨の肘頭部分が衝突したりします。これによって肘頭部の損傷が起こるのです（写真2）。具体的には、肘頭部の成長軟骨が癒合しきらなかったり、癒合後の大人の骨に疲労骨折が生じたりします。小中学生にはあまり多くなく、高校や大学の選手に見られます。

症状　投球のたびに痛むのが主症状

投げるときに痛みが生じるのが主症状ですが、中には痛みを自覚せず、肘関節の腫れや可動制限を先に自覚することもありま

す。また、障害の起きている部位によって、現れる症状に違いがあります。

内側型で成長軟骨の裂離骨折が起きている場合には、投球動作の途中で急性の激痛を感じるのが普通です。

外側型で上腕骨小頭が損傷している場合、変形が起きていると肘関節の可動制限が起こります。また、関節内遊離体ができてしまうと、これが関節の隙間に引っかかり、瞬間的に関節が動かなくなるロッキングという症状が起こることがあります。

後方型では、投球動作の最後に、肘頭部に重い痛みを感じることがよくあります。

このタイプは、多くは年長の選手や成人の選手に見られます。

診断 痛みが強くなる前の発見が大切

レントゲンやMRIによって損傷が明らかになります。ただし、痛みのために病院を訪れる時点で、すでに損傷が進行していることがあります。肘が伸びにくい、腫れがあるなど、普段と異なる状態があれば病院で検査を受けることが早期発見につながります。

治療 投球を中止することで回復

多くの場合、一定期間の投球中止によって自然に回復します。ただし、骨の変化が強い場合には手術が必要になります。

予防 投げすぎないようにする

成長途上の骨格に負担をかけすぎないために投球数の制限、連投禁止など年代に応じて指針が提案されています。投手だけでなく、捕手にも同様の配慮が必要です。

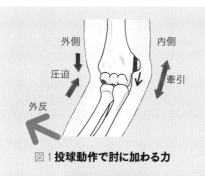

図1 投球動作で肘に加わる力

外側　内側
圧迫　牽引
外反

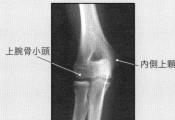

上腕骨小頭　　内側上顆

写真1 成長途上の肘関節の骨格

写真2 野球肘（後方型）

2 テニス肘

　テニスやバドミントンなど、ラケットを握って打つスポーツに共通して発生する、痛みを伴う肘の障害です。ゴルフでも同様の痛みが発生しますし、フライパンを持つ調理師にも起こります。

　このことから、握って支えるという動作に起因する障害と考えられます。

発生機転 **肘の筋腱付着部に負荷がかかる**

　ラケットを握ってボールを打つ際には、前腕の筋肉が酷使されます。そのため、肘の外側や内側の筋腱付着部に負荷がかかることで発生します。肘の内側よりも外側のほうがよく発生します。

　肘の内側に起こるものを「フォアハンドテニス肘」、肘の外側に起こるものを「バックハンドテニス肘」と呼ぶこともあります。肘の内側には手首や指を屈曲させる筋肉が付着し、肘の外側には手首を伸展させる筋肉が付着しています。

　そのため、フォアハンドで打つときには肘の内側に、バックハンドでは肘の外側に負荷がかかると考えられています。しかし、実際には、フォアハンドやバックハンドとは関係なく障害が発生するようです。

症状 **進行すると日常生活にも支障が**

　初期の段階では、ボールを打つときに痛みが出るだけです。しかし、悪化してくると、日常生活の動作でも痛むようになりま

す。手首を反らせるように力を入れると痛むのです。ひどくなると、ドアのノブを握って回したり、缶のプルトップを引き上げたりする動作も、痛みのためにできなくなることがあります。

診断 **痛む部位で診断がつく**

　筋腱付着部に起こる障害なので、痛みの発生している部位を確認できれば診断は容易です。肘の内側の突起である上腕骨内側上顆付近と、肘の外側の突起である上腕骨外側　上　顆付近に痛みが発生します。

　肘の成長軟骨が残っている年代の選手では、野球肘の内側型と同様に、成長軟骨の裂離骨折が起きている可能性もあります。それを確認するためには、レントゲン撮影が必要です。

　簡単に行えるテストとして、「チェアテスト」と「中指伸展テスト」があります。チェアテストはパイプいすをつかんで持ち上げてもらうもので、外側のテニス肘だとこれだけで痛みが出ます。中指伸展テストは、手の甲を上にして机に手を置き、中指に抵抗を加えた状態で反らせてもらいます。外側のテニス肘だと痛みが出ます。

治療 **疲労した筋肉のストレッチング**

　肘の内側や外側に付着する筋肉の過労が原因になるので、ある程度は筋肉を休ませることが必要です。さらに疲労した筋肉の

ストレッチング（図1、2）を行うことが
すすめられます。

　重要な試合などで休めない場合には、患
部の負担を減らすためにサポーター（図3）
やテーピングを行います。

予防 筋力に合ったラケットを使う

　初心者や週末プレーヤーは、プレーする
時間があまり長くならないようにします。
適切なラケットを使うことも大切です。前
腕の筋力が弱い初心者には、重いラケット
や強く張ったガットは好ましくありませ
ん。ガットを強く張ると打球が速くなりま
すが、その分、強い反力を受け、腕にかか
る負荷が大きくなるからです。グリップの
太さ（周囲の長さ）は、中指の先から手の
ひらを横に走るしわまでの長さに等しいく
らいが適切であるとされています。

　ストレッチングは予防にも役立ちます。
前腕の筋力強化（図4）もすすめられます。

　全身をうまく使えず、手首に頼った未熟
なフォーム（いわゆる手打ち）は肘への負
担を大きくします。正しい技術を身につけ
ることも予防に役立ちます。

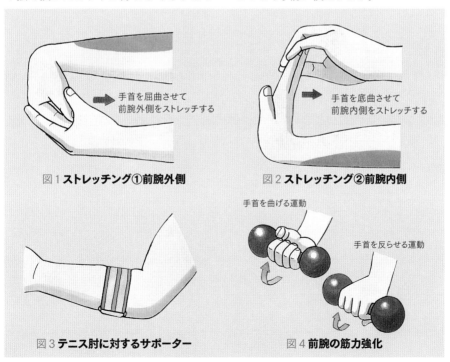

手首を屈曲させて
前腕外側をストレッチする

図1 ストレッチング①前腕外側

手首を底曲させて
前腕内側をストレッチする

図2 ストレッチング②前腕内側

図3 テニス肘に対するサポーター

手首を曲げる運動

手首を反らせる運動

図4 前腕の筋力強化

3 肘脱臼

腕の関節の中では、肘関節の脱臼も少なくありません。肘関節は、上腕骨の先端が尺骨と噛み合った状態になり、橈骨は接触する形になっています。したがって、肘関節の脱臼とは、上腕骨と尺骨の噛み合わせが抜けることを指します（写真1）。

幼児に起こる肘内障は、橈骨の根元が、尺骨とつながっている靭帯から抜けかかる状態で、肘脱臼とはまったく別の障害です。

発生
機転 **転倒や着地の失敗で起こる**

勢いよく転倒して手を着いたときによく発生します。手のひらからの突き上げる力が作用して、前腕の尺骨が後方にはずれるのです。ラグビー、アメリカンフットボール、サッカーでは、転倒時に手を着くことが原因で起こります。体操などでは、着地の失敗によって起こります。

症状 **時間が経って腫れがひどくなる**

肘の痛みと明らかな変形が起こります。痛みは主に肘の内側に強く出ますが、外側が主になることもあります。

脱臼が発生した直後よりも、少し時間が経ってからのほうが、腫れがひどくなります。これは、靭帯や関節包が損傷を受けているために起こる現象です。

診断 **肘の変形が起こるのでわかる**

肘関節の脱臼では、肘頭部が後方に出っ張る明らかな変形が見られます（図1）。このような変形が起きていれば、肘脱臼の疑いが濃厚です。

ただし、顆上骨折、外顆骨折など、肘周辺の骨折が起きていないかどうかを、明らかにしておくことも大切です。骨折を思わせるような痛みや腫れがなければ、脱臼と考えて対処します。痛みや腫れがあるときには、レントゲン撮影が行われます。

治療 **3週間程度の固定と安静**

現場では関節部分をアイシングし、三角巾で吊って患部を安静にします。関節の位置を戻す整復動作は、肘の場合、難しくありません。

前腕部を少し引っ張り、後方にずれている肘頭部を押すと、容易に整復されます。転倒して脱臼を起こした選手が、起き上がってサイドラインまで来る間に、自然に整復されることもあるほどです。

はずれた関節が整復されれば、それで治療が終わりというわけではありません。損傷を受けている関節包や靭帯が回復するまで、3週間程度は三角巾や固定具で腕を吊り、肘関節の固定と安静をはかります（図2）。

この治療がきちんと行われないと、関節の緩みなどが生じる可能性があります。関節包や靭帯が回復してから、関節の動きを広げる訓練を行います。

予防 受け身をマスターする

　衝突や転倒の多いスポーツでは、予防は非常に困難です。転倒するとき、重要な頭部や顔面を守るために反射的に手を着いてしまうからです。手を着かなければ肘脱臼は起きませんが、頭部や顔面が傷つく危険性が高まります。

　実際、幼小児では、手を着くことができずに、頭を強打したり、顔に傷を作ったりすることが起こります。また、最近では、転んでも手が出ない子どもが増えているともいわれています。

　転倒時に手を着くことは必要ですが、あまりに勢いが強い転倒だと、手を着くだけでは衝撃を吸収することができず、肘関節の脱臼や骨折が起こるのです。転倒時に回転するなどして、背中のような広い面積で衝撃を吸収させる受け身を行うと、脱臼や骨折を防ぐことができます。

　再発予防には、肘関節の可動域を回復させることが大切です。また、靭帯の緩みが残っている場合には、サポーターやテーピングで関節を守ります。ただし、肘関節の動きは、屈曲と伸展だけでなく、前腕を回転する動きが加わるため、テーピングで動きを制限するのは非常に困難です。

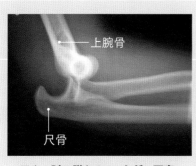

写真1 肘の脱臼のレントゲン写真

上腕骨

尺骨

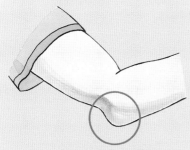

図1 肘の脱臼による変形

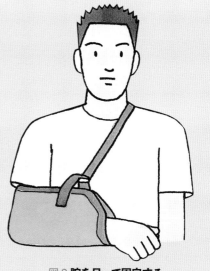

図2 腕を吊って固定する

4 尺骨神経障害

尺骨神経は、肘関節の内側にある内側上顆という突起の後ろ側を通っています（図1）。この神経が障害されるのが尺骨神経障害です。肘における尺骨神経の通路は、関節の動きによって、神経が骨や周囲の筋肉とぶつかったり、こすれたりしやすく、もともと神経が刺激されやすい部位です。さらに、野球肘などで肘の骨の変形が加わると、神経の通路が狭くなり、ますます神経が刺激されやすくなります。

また、肘の外反角（図2）が大きく、X脚のように肘が外側に反っている外反肘の人は、神経が緊張を受けやすい傾向にあります。肘を曲げたときに、神経の脱臼が起こることもあります。

発生機転 神経の通路が狭くなって起こる

野球など投球動作の多いスポーツでは、肘の骨の変形が起こり、尺骨神経の通路が狭くなっていることがあります。このような場合には、スポーツを行うときだけでなく、日常動作によっても神経の圧迫や摩擦が起こり、症状が続くことがあります。

外反肘の人は、尺骨神経が刺激を受けやすいので、肘の曲げ伸ばしを何回も繰り返すだけで起こることがあります。神経の脱臼が起こる人も同様です。

症状 小指に響く痛みやしびれ

尺骨神経は、手の小指側の感覚や指の細かい動きを支配しています（図3）。そのため、この神経が刺激されると、小指に響くような痛みやしびれが起こります。机の角などに肘の内側をぶつけたとき、小指に響くような痛みが生じますが、ちょうど同じような症状が発生するのです。肘にも重いような、だるいような痛みが生じます。

また、神経が障害されて指の力が弱くなることがあります。握る力を発揮しにくくなり、ものを落としやすくなります。

診断 肘の内側をたたくと小指に響く

尺骨神経の通路である肘の内側に痛みや違和感があり、手の小指のしびれや筋力低下、手の筋力低下が見られれば診断がつきます。また、肘の内側を通る尺骨神経を指で軽くたたくと、手の小指側に響く症状（ティネル徴候という）があります。

原因を明らかにするためには、レントゲン撮影やCTなどの画像検査が行われます。特に野球肘の選手は、尺骨神経の通路が骨の変形で狭くなっていないかどうかを、調べておく必要があります。

治療 神経症状が強ければ薬を使う

尺骨神経障害の症状が、運動中や運動後にだけ見られる場合には、運動後に肘の内側のアイシングを行います。

神経の症状（しびれ、感覚の低下、筋力の低下など）が強い場合には、肘の安静を

はかり、抗炎症薬の内服による炎症の沈静化が必要になります。

　安静や薬で神経の症状が改善しない場合には、神経の通路を広げる手術や通路を変更する手術が行われます。

予防 **オーバーヘッド動作に注意**

　肘の外反が強い人や、尺骨神経の脱臼が起こる人は、尺骨神経が強く刺激されやすい傾向があります。このような人は、腕を高い位置から振り下ろすオーバーヘッド動作（野球、バレーボール、テニスなどで見られる）のときに、肩の外旋や肘の外反が強くなりすぎないようにします。そのためには、肩甲骨や腰部を十分に動かすフォームを身につけることが必要です。

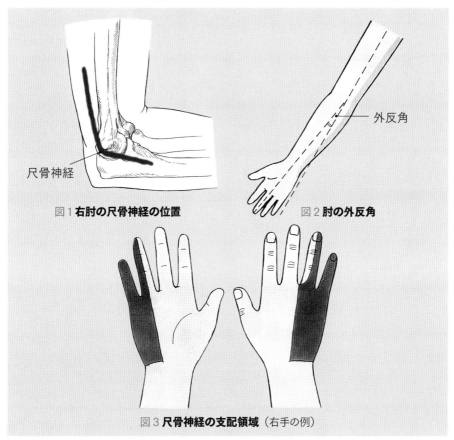

図1 右肘の尺骨神経の位置

尺骨神経

外反角

図2 肘の外反角

図3 尺骨神経の支配領域（右手の例）

《5 手関節、手の障害

コレス骨折

手首の骨折は、子どもと高齢者に多いことが知られています。よく折れる骨は前腕の親指側にある橈骨です（写真1）。

特に手首に近い部位の骨折で、転倒時に手のひらを着くことで発生するものを「コレス骨折」と呼んでいます。

発生機転 転倒や転落がきっかけに

転んで勢いよく地面に手を着いたときに発生します。高いところからの転落が原因となることもあります。同時に両腕の骨折が起こることもあります。

症状 痛み、腫れ、変形が起こる

手首の変形と腫れが現れ、強い痛みを伴います。骨折部分は、末梢側（手先に近い側）の骨が手の甲側にずれるため、フォークのような形に変形します。

転ぶ勢いが比較的軽いと、ずれや変形がほとんどなく、骨折と意識されないこともあります。

手首の手のひら側には正中神経という指の感覚を支配する神経が通っています。その神経が骨折で圧迫を受けると、親指や人差し指がしびれることもあります。

診断 レントゲン撮影を受ける

病院ではレントゲン撮影が行われます。それによって、骨折している部位、骨のずれている程度などがわかります。

治療 ギプスで3週間固定する

骨折部分が大きくずれている場合には、骨を元の位置に戻す整復が行われ、それからギプスで固定します。ずれがない場合や、ずれが小さくて自然に解消しそうな場合には、そのままギプス固定して骨を癒合させます。

手首を手のひら側に軽く曲げ、さらに小指側に傾けた状態で固定します。固定期間は通常3週間程度です。

ずれが簡単に整復されない場合や、整復しても不安定で再びずれるような場合は、手術によって骨を固定します。

予防 バランス能力向上と受け身

予防は困難ですが、バランス能力を高めて転倒を防ぎ、受け身をとれるようにすることが役立つと考えられます。

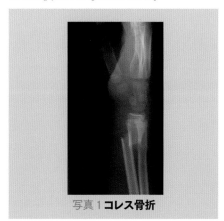

写真1 **コレス骨折**

2 舟状骨骨折

手首にある舟状骨の骨折です。転倒して手のひらを着いたとき、子どもではコレス骨折が起きやすいのですが、高校生や大学生など年長の選手では、舟状骨骨折が発生します。この骨折は診断がつきにくく、骨が癒合しにくいことが知られています。

発生機転 転倒時に手のひらを着くこと

最も多いのは、転倒して地面に手のひらを着いたときに起こるケースです。また、ほかの選手の突進を、手のひらで受け止めたときに発生することもあります。

症状 痛みも腫れも軽く見落とされがち

主な症状は手首の痛みと腫れですが、ほとんどの場合、腫れは目立ちません。痛みも軽いことが多く、手首の捻挫か打撲だと思われていることがあります。

しかし、数週間経っても、鈍い痛みや手首の動き制限が消えず、手首を着いて行う動作（腕立て伏せなど）ができません。

診断 骨折線が写らないこともある

骨折が発生してすぐは、レントゲン撮影で骨折線がはっきり写らないことがしばしばあります。そのため、「異常なし」と診断され、放置することになってしまいます。1〜2週間後には骨折線が明らかになるので、舟状骨骨折の疑いがある場合には、必要な固定を行ったうえで、再度レントゲン撮影を行います。

痛みは軽いことが多いのですが、指で押すなどして、慎重に痛む部位を調べます。舟状骨の位置（図1）を把握していれば、この骨折の可能性に気づくことができます。

早期に診断するためには、MRIやCTによる検査が行われます。

治療 通常はギプス固定で癒合

骨折部のずれが少なく、骨折から日数が経っていなければ、ギプス固定で骨は癒合します。骨がずれて日数が経っていると、骨折部から中枢側の骨が壊死することがあります。その場合には、骨（自分の橈骨や腸骨の一部）を移植し、専用のネジで固定する手術が必要になります。

予防 受け身を身につける

予防は困難ですが、受け身を身につけることが役立つと考えられます。

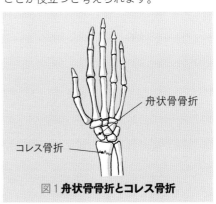

舟状骨骨折
コレス骨折

図1 舟状骨骨折とコレス骨折

3 TFCC損傷

　TFCCは三角線維軟骨複合体の略称です。手首の関節の小指側には、尺骨の先端と手の骨との間に、軟骨でできた三角形のクッション組織があります。これが三角線維軟骨複合体です（図1）。名前が長いので、英語名の略称であるTFCCがよく使われています。

　TFCCの損傷は、急性のケガとしても発生しますし、慢性的な経過によって起こることもあります。

ラケットスポーツも原因に

　急性のケガとして発生する場合、2つのパターンがあります。1つは、転倒して手を着いたときに、手の小指側に体重の大部分がかかってしまった場合。もう1つは、他の選手との衝突を手で受け止め、手の小指側に大きな力が加わった場合です。

　前者はサッカーをはじめとする多くの球技で、後者はラグビーやアメリカンフットボールで見られます。このような場合には、橈骨と尺骨の間の関節も同時に損傷を受けていることが多いので、痛む部位を確認しておく必要があります。

　慢性経過で発生する場合には、手首をやや小指側に反らせ、その状態で力を入れるような動作を反復することが原因になります。テニスなどのラケットスポーツ、チアリーディングなどで見られます。

症状 **痛みと物が挟まった感覚**

　原因となるような動作を行うと、患部が痛んだり、物が挟まっているように感じられたりします。

　急性のケガで発生した場合には、痛みだけでなく、患部の腫れも伴います。

　以上のような症状のため、日常生活において、コップを持ったり、ドアのノブを回したりする動作ができなくなることもあります。

診断 **骨の状態も調べておく**

　TFCCは骨ではなく、あくまで軟骨なので、レントゲン撮影では写りません。そのため、TFCC損傷を証明するためには、MRI検査が行われます（写真1）。症状などから診断し、治療が進められることもあります。

　レントゲン撮影が行われるのは、TFCC損傷に伴って、骨折などの骨の異常が起きていないかどうかを調べるためです。また、尺骨が橈骨より長い（写真2）など、TFCCが損傷を受けやすい形になっていないかどうかもチェックします。

治療 **固定で治らなければ投薬や手術**

　痛みが発生したときには、まず患部のアイシングを行います。さらに、包帯などで手首を支えるようにすることで、TFCCに負担をかけないようにします。

　包帯などによる支えで痛みが引かない場

合には、ギプスで固定することにより、確実にTFCCへの負荷を減らします。

固定は3週間程度行い、その後、少しずつ動きを広げていきます。ただし、しばらくの間は、手首を使う動作でTFCCに負担がかからないように、テーピングや取り外し可能な固定具を用いるようにします。

以上のような治療でも痛みが再発する場合には、炎症止めの薬を注射する治療が行われます。注射を数回試みても痛みが取れず、スポーツに必要な動作や日常動作ができない場合には、手術を考える必要があります。

手術では損傷したTFCCを縫うのは難しいので、多くの場合、傷ついたTFCCを取り除く手術になります。

予防 軽い症状が出たらテーピング

急性のケガとして発生するものは、予防することは困難です。慢性経過で発生する場合には、違和感など軽い症状が出た時点で、TFCCにかかる負担を減らすようにします。手首が小指側に反らされないように、テーピングなどをすることで、悪化するのを防げる可能性があります。

橈骨よりも尺骨が長いためにTFCC損傷を含めた手首の痛みを繰り返している場合には、尺骨を短くする手術が行われることがあります。

ただし、骨が癒合するまでに最低でも3カ月間はかかり、その後のリハビリテーションを含めれば、スポーツ復帰までにかなりの長期間が必要となります。安易に手術を選択すべきではないでしょう。

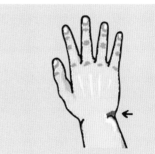

図1 TFCCの位置

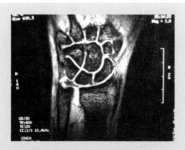

写真1 TFCCのMRI

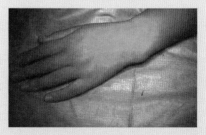

写真2 尺骨が長い手首

4 突き指

突き指は、学校スポーツで球技を行ったときなどに、非常に多く発生しています。しかし、突き指によってどのようなことが起きているのかについては、あまり知られていません。いまだに「引っ張っておけばよい」という認識の指導者もいるような状態です。

突き指とは、ボールや他の選手の体などにより、指に強い力が加わって起こる障害の総称です。指に何が起きているかによって、緊急の対応も、治療も、治るまでの期間も異なります。

発生機転 ボールが指に当たって起こる

バレーボール、バスケットボール、野球、ソフトボールなど、球技でボールが指に当たることで起こります。その他に、ラグビーやアメリカンフットボールでは、他の選手との接触や衝突でも起こります。

加わる力の方向は、指を反らす方向（過伸展）か、あるいは横に曲げる方向です。こうした力が働くことで、靭帯損傷や骨折など、さまざまなタイプの損傷が起こります。

症状 痛みと腫れが中心

外力が加わった関節に、痛みや腫れが起こります。ときには脱臼や骨折が起こることで、変形が見られることもあります。骨折や靭帯損傷が起きている場合には、時間が経つと皮下出血（内出血）が目立つよう

になります。

特に突き指が起こりやすいのは、親指のつけ根の関節と、人差し指から小指までの第2関節です（図1）。

診断 靭帯損傷の程度を明らかにする

腫れが強い場合や変形を伴う場合には、レントゲン撮影を行い、関節に何が起きているのかを明らかにしておく必要があります。また、どのくらい靭帯に損傷を受けているのか、その程度を明らかにするために、関節の不安定性を調べておきます。関節を動かしてみて、反対の手と比べると、どのくらい不安定になっているかがわかります。

治療 固定が大切

現場ではアイシングを行います。変形があり、脱臼や骨折の可能性がある場合には、医療機関で診断後に整復など必要な治療を行います。脱臼の中には、指の先端方向に慎重に引っ張ることで整復されることが少なくないため、「突き指は引っ張れば治る」という誤解が生まれたようです。

実際には、治療として大切なのは固定です。突き指といっても、いろいろなケースがあります（図2）。関節に何が起きているかによって、治療法も違ってきます。

❶は側方の靭帯が損傷を受けるケースで、靭帯が部分的に切れることもあります。切れた靭帯が癒合するのが本当の意味の治

癒です。そのために、関節を軽く曲げた状態で固定します。切れた靭帯が癒合し、関節が安定するのに３週間程度かかります。

❷は、手のひら側の靭帯（正確には掌側板（しょうそくばん）という）に損傷を受けたケース。この靭帯や、骨との付着部が癒合するのが治癒となります。損傷した部位が近づくように関節を曲げた状態にし、３週間程度固定する必要があります。

❸は脱臼骨折が起きているケースです。関節周囲の多くの靭帯や関節包も損傷を受けます。整復したあと、正しい位置に整復されているかどうかを、レントゲン撮影で確認する必要があります。正しく整復されていれば、その位置を保つために固定します。やはり３週間程度必要です。

急性のケガなので、これといった予防対策はありません。バレーボール、バスケットボールなど、突き指を起こしやすいスポーツでは、きちんとテーピングすることが、再発予防に役立ちます。

予防 テーピングで再発を防ぐ

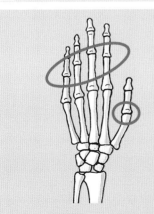

図1 突き指が起こりやすい関節

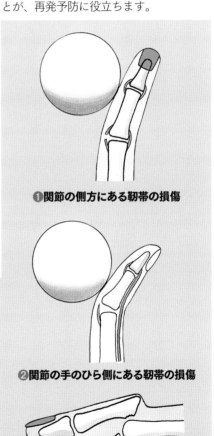

❶関節の側方にある靭帯の損傷

❷関節の手のひら側にある靭帯の損傷

❸関脱臼骨折

図2 いろいろなタイプの突き指

5 槌指

槌指という病名は、損傷を受けた結果、指の第1関節だけが曲がり、槌のような形の独特の変形をきたすことからつけられています。ところが、損傷の直後は典型的な形になっていないことがあります。そのため、槌指と気づかず、見逃されてしまうことが少なくありません。

この障害は、突き指の1つのタイプと考えることもできます。通常の突き指とは損傷される部位が違い、損傷される組織が違っています。

発生機転 腱が切れたり骨が剥離したり

ボールや人体などによって強い力が加わり、指の第1関節が過度に曲げられるときに発生します。指を伸ばすのに使われる腱が切れたり、腱の付着部の骨が剥離したりすることで、関節が曲がったまま戻せなくなるのです。

野球、ソフトボール、バレーボールなど、ボールを使うスポーツで起こることが多いのですが、ラグビーやアメリカンフットボールで、タックルするときに起こることもあります。

症状 指を伸ばすことができない

患部の痛みと腫れが起こりますが、腫れはあまり目立たないことが多いようです。骨が剥がれている場合には、皮下出血が見られます。

最も典型的な症状は、指先の関節を完全に伸展させることができなくなることです。そのために、指先だけが曲がった独特の形になります（写真1）。腱が切れたり、腱付着部の骨が剥がれたりしていなければ、通常、指をこのような不自然な形に曲げることはできません。

ただし、損傷を受けた直後は、このような変形は目立たないことがあります。指を曲げる腱で引っ張られることにより、時間の経過とともに、徐々に変形が進んでいくことが多いのです。

診断 腱か骨かを明らかにする

曲げた指先を伸展させることができなければ、この障害の可能性があります。また、槌指であることは、独特の変形や、指先が伸びない症状などから診断できます。

しかし、それだけでは十分ではありません。診断においては、レントゲン撮影を行い、腱が切れているのか、腱の付着部の骨が剥がれているのかを、明確にしておく必要があります（図1）。なぜなら、どこが損傷を受けているかによって、その後の対応が異なってくるからです。

治療 指を伸ばして固定する

腱が切れている場合には、指先を伸ばした状態にして固定します。それによって、切れた腱の断端同士が近接していれば、

徐々につながってきます。指の固定には、指が曲がらないように補強材を入れた固定具が使われます（図2）。通常、1カ月半から2カ月の固定が行われます。

骨が剥離している場合、剥がれた骨が元の位置に戻り、その状態を維持することができれば、腱が切れている場合と同じ方法の固定でつながります。骨は腱よりもつながりやすいため、固定期間は、1カ月程度

です。

剥離した骨が浮き上がっている場合には、そのまま固定しても治りません。この場合には、手術によって骨を元の位置に戻してから固定します。

予防　突発的に起こるので防げない

突き指と同様に、突発的に発生する障害なので、予防するのは困難です。

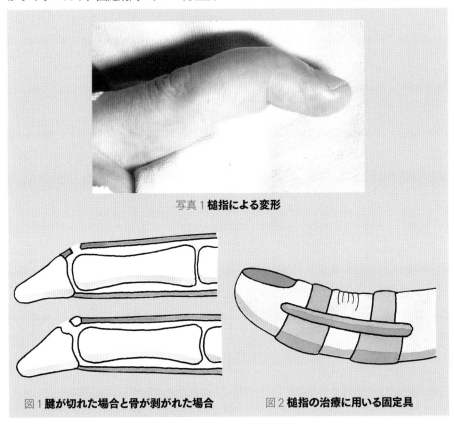

写真1 **槌指による変形**

図1 **腱が切れた場合と骨が剥がれた場合**　　図2 **槌指の治療に用いる固定具**

6 手関節部腱鞘炎

手首の周囲には多数の腱が通っています。それぞれの腱は、力を発揮したり、手首の関節を動かしたりしたときに、浮き上がってしまわないように、骨に留められています。そのため、大きな力のかかる手首の動きや、繰り返される動きによって、腱と腱鞘には、圧迫や摩擦などが加わります。こうして発生するのが手関節部腱鞘炎です。

原因となる動作によって、炎症の起きる部位が決まっています。発生しやすい部位は、手首の甲側、手のひら側、小指側、親指側の4カ所です（図1）。原因や治療は、部位別で考える必要があります。

発生機転 体操競技では頻発する

手首の手のひら側の腱鞘炎は、手首を曲げたり反らしたりするときに、腱鞘が負担を受けることで起こります。体操競技（特に吊り輪など）は、手首に大きな力が働くため、腱鞘炎を起こしやすい代表的なスポーツといえます。

手の甲側の腱鞘炎は、手首を反らせる動作が原因です。弓道やアーチェリーで弓を押さえる際にも負担がかかります。

手首の親指側の腱鞘炎（ケルバン腱鞘炎という）は、剣道やラケットスポーツが原因になります。手首が小指側に反らされるときに負担がかかります。

チアリーディングのように、手で人を支えるような動作では、手首のいずれの側の腱鞘炎も起こりやすくなります。

ラグビーやアメリカンフットボールのタックルでは、手首が強い力で反らされたり、挟まれたりします。これで腱鞘が傷つき、腱鞘炎が発生することもあります。

症状 負担のかかる動作で痛む

腱鞘に負担のかかる動作を行うと痛みます。ケルバン腱鞘炎では、手首を親指側に曲げる動作や、小指側に曲げる動作（剣道の竹刀を振る動作）で痛みが生じます。

腱鞘炎が長期化すると、腱鞘が腫れて腱の動きが悪くなります。それにより、引っかかり感や、引っかかりのあとに急に動く感じ（弾発現象）を自覚するようになります。

診断 痛みの起きる部位でわかる

痛みの起きる部位によって、ほとんどは診断がつきます。特定の動作で痛みを誘発するテストもあります。たとえば、手首を強く小指側に曲げるテスト（フィンケルシュタインテスト）は、親指側の腱鞘炎を診断するために行います。

腱鞘の腫れや炎症を調べるため、ＭＲＩや超音波検査が行われることもあります。

治療 安静で改善しなければ投薬や手術

症状が現れてからあまり日数が経っていない場合は、患部を安静にし、冷やすことで炎症を抑えます。患部の負担を減らすた

めに、サポーターやテーピングも使われます。たとえば、ケルバン腱鞘炎では、手首が小指側に曲がらないように、テーピングで支える方法が取られます。

症状が現れてから数週間以上経ち、慢性化している場合には、腱鞘の組織が厚くなっている可能性があります。安静でよくならなければ、炎症止めの薬を腱鞘内に注射する治療が行われます（図2）。これを数回試みてもよくならず、腱の動きが制限されている場合には手術が行われます（図

3）。手術では、厚く硬くなった腱鞘に切れ目を入れ、腱の動きをよくします。

予防 アイシングとストレッチング

腱鞘炎の発生しやすい部位を理解し、トレーニング後にはアイシングを行い、関係する筋肉のストレッチングを行うことが勧められます。また、特定部位に負担が集中するフォームを改善し、正しい技術を身につけるようにします。再発予防にも、アイシングとストレッチングが重要です。

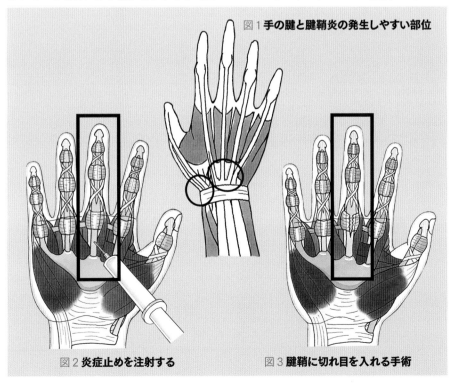

図1 手の腱と腱鞘炎の発生しやすい部位

図2 炎症止めを注射する

図3 腱鞘に切れ目を入れる手術

1 バネ指

曲げた指を伸ばそうとするとき、引っかかった状態になり、さらに力を加えると、弾けるようにして伸びる、弾発現象が生じます。指の根元を通る指を曲げるための屈筋腱が腱鞘炎になり、腱鞘が狭くなることで起こります。

発生機転 ラケットスポーツで起こる

指を曲げるための屈筋腱は、手のひら側を通るため、物を握る動作で圧迫を受けます。その状態で腱鞘の中で腱が移動すると、こすれることで腱鞘が腫れ、腱が通過しにくくなるのです。

ラケットを使うスポーツや自転車などで発生します。多くは薬指や中指ですが、親指に発生することもあります（図1）。

症状 バネ仕掛けのような弾発現象

指の曲げ伸ばしがスムーズにいかず、引っかかる感じがあります。また、腱鞘に沿って腫れや圧痛があります。

曲げた指を伸ばそうとするとき、引っかかってある角度で止まり、さらに力を入れると、弾発現象を伴って伸びます。

診断 弾発現象と圧痛がポイント

弾発現象や指の根元の圧痛によって、ほぼ確実に診断できます。

治療 軽症であればストレッチングを

軽症で、発生からあまり時間が経っていなければ、屈筋腱のストレッチング（図2）を行い、原因となる動作を控えることでよくなることが多いでしょう。

すでに長期化して、弾発現象が明らかな場合には、炎症止めの注射が行われます。それでもよくならなければ、腱鞘を切開して広げる手術が行われます（P89参照）。

予防 ストレッチングを行う

ラケットなど道具を手のひらで握るスポーツでは、練習の合間や終了後にストレッチングを行います。手の大きさに合ったラケットを使うことも予防に役立ちます。

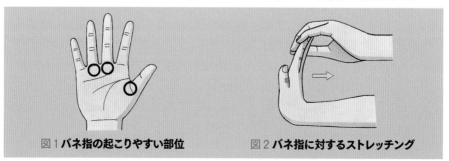

図1 バネ指の起こりやすい部位　　　図2 バネ指に対するストレッチング

8 指血行障害

野球選手の中には、冬になると指先がしびれたり、指の色が白くなったりする人がいます。このような現象は、ボールを受けるほうの手に多く発生します。

発生機転 捕球の衝撃が原因になる

指に血液を送る動脈は、手のひらで各指に行く細い動脈に分かれます（図1）。捕球時には、グローブ越しとはいえ、手は大きな衝撃を受け止めています。

捕球の衝撃で動脈が振動すると、動脈が縮んで細くなる反応が起こります。動脈が細くなれば、指に送られる血液が少なくなります。また、血液が固まりやすくなり、そのために動脈が詰まりやすくなります。

1本の指には2本の動脈が血液を送り込んでいますが、そのうちの1本が詰まって流れなくなっていることがあります。

症状 指が白く冷たくなる

循環する血液が少なくなるため、指先が冷たい、しびれる、色が白いなどの症状が見られます。これらの症状は、特に気温の下がる冬に明らかになり、夏はほとんど気づかないこともあります。

各指に血液を送る2本の血管のうち1本だけが詰まっても、指が壊死することはありません。ただ、血液不足の状態が続くと、指の皮膚や骨が弱くなったり、指先が細くなったりします。また、爪のひび割れも治りにくくなります。

診断 確定診断には動脈造影検査を

指の冷感、色の変化、特に水をかけたときの蒼白化が見られれば、血行障害が疑われます。

確定診断には、動脈造影検査を行い、実際に動脈が縮んだり、詰まっていたりすることを証明します。

治療 手を温めたり冷やしたりする

血管が細くなっているだけの場合には、手を温めたり冷やしたりする交代浴、交感神経ブロックの注射などが行われます。

動脈が完全に詰まっている場合には、他の部位の静脈を移植する方法もあります。

予防 指を動かし組織を緩める

一定時間、動脈への刺激が加わったら、手や指をグローブから開放し、動脈の周囲の組織を緩めてやります。

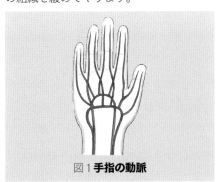

図1 手指の動脈

《6 体幹の障害

| 肋骨骨折

肋骨は胸郭という骨組みを構成する骨です。胸郭は、胸部の重要な臓器である心臓や肺を保護する役割を果たしています。肋骨は左右とも12本ずつあり、前方は中央で胸骨に連結し、後方は中央で脊椎（胸椎）に連結しています（図1）。

呼吸に伴って肋骨は全体が上下し、横隔膜（おうかく）（まく）とともに、肺の体積を大きくしたり、小さくしたりする働きをしています。

肋骨はすべてが骨になっているわけではなく、前方部分は軟骨です。それが加齢によって骨化していき、高齢者では全体が骨になっています。肋骨自体はあまり頑丈な骨ではなく、細くて弾力性があります。しかし、弾力性の限界を超えて力が加わると骨折を起こします。

肋骨骨折（ろっこつこっせつ）で重要な点は、折れた肋骨の先端が肺を傷つけていないか、ということです。肺が損傷を受けた状態を「気胸（き）（きょう）」、胸郭内に血液がたまった状態を「血胸（けっ）（きょう）」といいます（図2）。

発生機転 転倒や衝突が原因になる

転倒、衝突、打撲などにより、肋骨に大きな力が加われば骨折が起こります。折れている骨は1本とは限らず、隣接する数本が折れることもあります。

ラグビーやアメリカンフットボールなどで、衝突や転倒が起きた場合、自転車競技で転倒した場合などでも、しばしば肋骨骨折が発生します。

症状 呼吸困難や血痰に注意する

骨の折れている部分に痛みがあります。これが主症状です。肋骨は呼吸するときに動くので、呼吸のたびに痛み、深呼吸は痛みのためにできなくなります。咳（せき）やくしゃみは強烈な痛みを伴います。

肋骨の痛みとは別に、呼吸困難が明らかであったり、血痰（けったん）が見られたりする場合には、肺が損傷を受けている可能性があります。気胸や血胸では、胸郭に空気が入って肺の膨らむスペースがなくなるため、呼吸困難が生じます。

診断 肺の状態はCTで調べる

骨折の診断は、通常のレントゲン撮影で十分にわかります。肺が損傷を受け、胸郭内の状態を詳しく調べる場合には、CT検査が行われます。呼吸音の聴診も基本的な診察として行われます。

治療 肺の損傷がなければ安静にする

肺が損傷を受けていない単純な肋骨骨折であれば、安静にして時間が経過すれば、骨は自然に癒合します。痛みがある場合には、胸郭を固定するサポーター的な治療具である「バストバンド」を装着します。

気胸や血胸がある場合には、入院しての治療が必要になります。肋骨の間から胸郭

内に管を入れ、持続的に空気や血液を吸引することで、肺が膨らんでくるのを待つのです（図3）。

予防 防具で衝撃を弱める

転倒や衝突を阻止するのは困難ですが、防具などで衝撃を弱めることは可能です（写真1）。アメリカンフットボールでは、体のさまざまな部位に防御用パッドを着けますが、胸郭も防御の対象になっています。

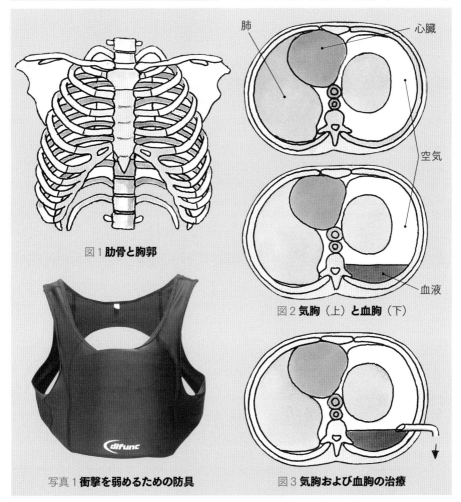

図1 **肋骨と胸郭**

肺　　心臓

空気

血液

図2 **気胸（上）と血胸（下）**

写真1 **衝撃を弱めるための防具**

図3 **気胸および血胸の治療**

2 胸部打撲（心臓しんとう）

スポーツ中に起こる胸部の打撲は、肋骨や胸骨の骨折以外に、もっと重大な事故を引き起こすことがあります。子どもに見られる心臓しんとうと呼ばれている疾患がそれで、発生すると心臓停止が起こり、急死する危険性があります。

子どもの事故として報道され、この疾患自体の認知度が上がってきています。心臓しんとうのような疾患があることを知っていれば、発生した場合でも、ただちに意識状態や脈を確認することで、必要となる対応をとることができます。

発生機転　野球のボールの胸部直撃

ボールが胸部に衝突することで発生していることが最も多いようです。原因となるのは、野球やソフトボールのボールです。

心臓は胸骨の後ろ側に位置しています（図1）。ボールが胸に衝突すると、やわらかな子どもの胸郭は瞬間的にへこみ、それによって心臓に圧迫衝撃が加えられます（図2）。この衝撃が心臓の収縮のある時期と一致すると、リズミカルに行われていた心拍が乱されてしまうのです。そして、心室細動という心筋がけいれんするような不整脈が起こり、最終的に心臓が停止してしまいます。

ソフトボールより大きなボールでは、勢いよく胸部に当たっても、心臓に衝撃を加えるほどには、胸郭に大きなへこみは生じ

ません。そのため、大きなボールでは心臓しんとうは起こらないと考えられています。また、胸郭の骨化が進行した成人では、ボールが当たっても胸郭がへこまないので、心臓しんとうはまず起きません。

症状　意識を失い、脈が触れない

胸部にボールが当たったあと、意識を失って倒れます。そのときに脈を調べても、心室細動が起きているため脈は触れません。原因がなんであれ、意識がなく、脈を触れなければ、心肺蘇生が必要です。

診断　状況から速やかに診断する

心電図をとると、多くは心室細動が確認されます。ただし、ボールが当たったという原因に関する情報は、周囲にいた人にしかわかりません。ボールが胸に当たり、意識を失って倒れ、脈が触れない、という状況から診断がつきます。

治療　人工呼吸と心臓マッサージ

心臓しんとうを起こした直後から、人工呼吸と心臓マッサージを行い、救急車が到着するまで続ける必要があります。救急車が到着すれば、電気刺激で心室細動を取り除く電気的除細動が行われ、心臓の動きを回復させます。

最近は、公共施設やスポーツ施設には、ＡＥＤ（自動体外式除細動器）が備えられ

ていることがあります（写真1）。これがある場合には、音声ガイドに従って電気的除細動を行います。

予防 胸部のパッドで守る

　心臓しんとうの発生が広く知られるようになった結果、予防の研究も進み、ボールの衝撃を緩和するための胸のパッドが考案され、実際に使われるようになっています（写真2）。野球やソフトボールを行う子どもにはすすめられます。ただし、パッドを使用したとしても、指導者や保護者は、応急処置をきちんと行えるようにしておくことが大切です。

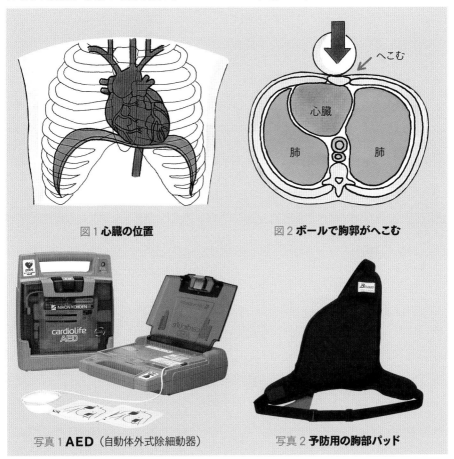

図1 **心臓の位置**

へこむ

心臓

肺　　肺

図2 **ボールで胸郭がへこむ**

写真1 **AED**（自動体外式除細動器）

写真2 **予防用の胸部パッド**

3 腹筋損傷

腹筋も骨格筋である以上、肉ばなれのような障害が発生することは避けられません。腹筋は体幹の支持において重要な機能を果たしているので、損傷によって重大な影響が現れます。

腹筋は、中央を縦に走る腹直筋(ふくちょくきん)と、左右にある腹斜筋群(ふくしゃきんぐん)と腹横筋(ふくおうきん)に分けられます（図1）。これらの筋肉によって、腹部の前壁と側壁が守られているのです。腹直筋は、胸郭と骨盤（恥骨）を結び、収縮することで両者を近づける役割を果たします。

腹斜筋群は、外腹斜筋と内腹斜筋に分けられます。外腹斜筋は、肋骨から中央へ下降し、腹直筋の筋鞘や恥骨に向かいます。内腹斜筋は、腰部の筋膜から中央へ上行し、大部分が腹直筋の筋鞘に向かいます。

腹斜筋がそれぞれ斜めに走るのに対し、腹横筋は横に走り、これらが共同して腹部の側壁を保護しています。

これらの腹筋の中で、明らかな筋損傷を起こすのが多いのは腹直筋です。

発生機転 テニスのサーブなどで起こる

損傷を起こしやすいのは、腹直筋を伸ばしてから急激に収縮させる動作です。テニスのサーブ、スマッシュや、バレーボールのアタックが原因になることがよくあります（図2）。これらのスポーツでは、1回の強い動作で明白な痛みが生じる急性の場合と、徐々に痛みが現れてくる慢性の場合があります。

野球のバッティングや、ゴルフのスウィングで、腹斜筋など側壁の筋肉に損傷が起こる場合もあります。

症状 いろいろな動作で痛む

他の部位に起こる筋損傷と同じで、筋肉の損傷部分に痛みが生じます。これが主症状です。腹筋群は、呼吸や日常生活動作で無意識のうちに使われているので、損傷するといろいろな動作で痛みが生じます。

慢性的な経過をたどる場合には、痛みは急性の場合ほど強くありません。そのため、損傷が治る前に運動してしまい、患部に固いしこりができることがあります。

診断 慢性の場合は診断が難しい

たとえば、「サーブを打った瞬間に痛みが起こった」というように、発生した時点を本人が自覚していれば、筋損傷と診断するのは比較的容易です。ただし、筋損傷を確定診断するためには、超音波検査やMRIなどの画像検査を受ける必要があります。

慢性的に起こり、損傷部分にしこりを作るタイプは、腹筋に発生した腫瘍(しゅよう)との区別が難しいことがあります。腫瘍と誤診されて手術となるケースもまれにあります。

治療 安静にすることで治る

他の部位の肉ばなれと同じで、腹筋の損

傷も基本的には患部を安静にすることで治ります。安静が不十分で、損傷が治る前に筋肉を酷使したりすると、なかなか治らないばかりでなく、しこりができてしまうこともあります。

予防 **運動前のストレッチング**

運動を行うときにはウォーミングアップを入念に行い、ストレッチングで筋肉を伸ばしておきます。また、疲労がある状態のときには、サポーターやテーピングで保護しておくと、腹筋への負荷を軽減させることができます。

腹部の筋力強化トレーニングも、強い伸長性収縮に耐えられるようにするのに役立つと考えらえます。

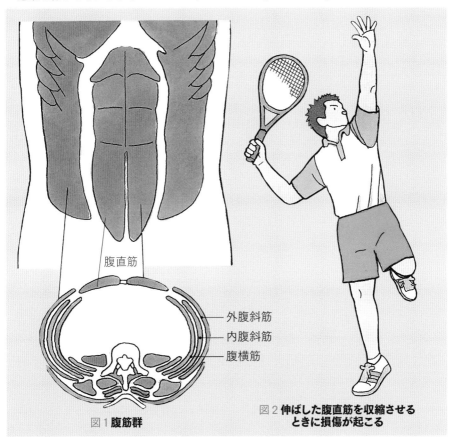

腹直筋

外腹斜筋
内腹斜筋
腹横筋

図1 **腹筋群**

図2 **伸ばした腹直筋を収縮させる
　　ときに損傷が起こる**

4 腰椎分離症

腰椎の後方部分で疲労骨折が起こり、進行すると骨が割れた（分離した）状態になるのが腰椎分離症です。

以前は腰椎の後方が割れた状態になってから発見されていたため、先天性の可能性も議論されていました。ところが、スポーツ選手に明らかに多いこと、痛みの出始めの時期にはレントゲン撮影で異常がないのに、しばらくすると割れた部分が見つかることなどから、大部分は後天的におこることがわかってきました。

最近では、まず疲労骨折として発生し、それが治らず、進行して完全に分離してしまったものが、レントゲン撮影で発見されているのだと考えられています。

発生機転 腰の反りやひねりで起こる

野球、サッカー、体操、ウエイトリフティングなどのスポーツでよく見られます。野球とサッカーは競技人口が多いことも関係しています。割合からいえば、体操やウエイトリフティングが多くなっています。

損傷が発生するのは第5腰椎が多く、腰椎の後部にある関節突起間部に骨折が起こります。上下の椎骨との関節を形成する突起の間の部分です（図1）。

力学的なモデルを用いた実験研究で、腰椎に反りやひねりを加えると、関節突起間部に負荷が集中することが明らかになっています。

症状 漠然とした腰痛

腰痛が起こります。腰を反らせたり、ひねったりしたときには、損傷部位に力が加わるため、痛みが誘発されます。しかし、それ以外のときには、漠然とした腰痛を感じるにすぎません。そのため、重大視されないままスポーツを行ってしまい、進行させてしまうことがあります。

診断 初期の診断にはCTやMRI

初期の疲労骨折の段階では、レントゲン撮影では検出することができません。そのため、CTやMRIによる検査が行われます。これらの検査では、初期の疲労骨折でも写し出されます（写真1）。適切な治療が行われずに進行すると、骨が完全に分離してしまいます（写真2）。また、MRIの画像では、骨が癒合する反応が起きているかどうかも判定できます。癒合する場合、骨折の周囲の血流が増えるため、MRI画像では白く写し出されるのです。進行した骨折でも、MRIで癒合の反応が現れていれば、安静にすることで治療効果が期待できます。

治療 コルセットを使って安静に

骨が癒合する可能性がある場合には、患部を安静に保ちます。特に腰を反らせたりひねったりする動作は、損傷部位に負荷をかけるので行わないようにします。

腰部の動きを制限するためには、コルセットを用います。コルセットは、骨盤から肋骨まで覆う長さが必要です（図2）。3カ月間、コルセットで動きを制限することで、損傷のほとんどは治ります。

ただし、MRI検査で骨が癒合する可能性がないと判断できた場合には、長期間の安静は意味がありません。痛みが軽くなれば、運動を許可します。

予防 下肢後面の筋肉を柔軟に保つ

腰椎分離症のたいていは、下肢や臀部の筋肉の柔軟性が低下している成長期に発生します。ハムストリングや大臀筋など下肢の後面のストレッチングを行い、筋肉を柔軟に保つことが、腰部に加わる負荷を軽減するのに役立ちます。

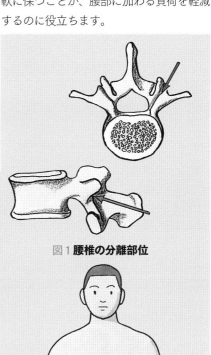

図1 腰椎の分離部位

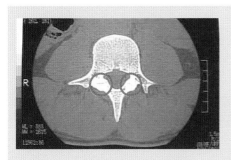

写真1 分離症初期の疲労骨折

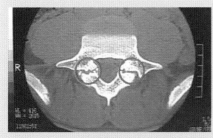

写真2 分離症の進行期

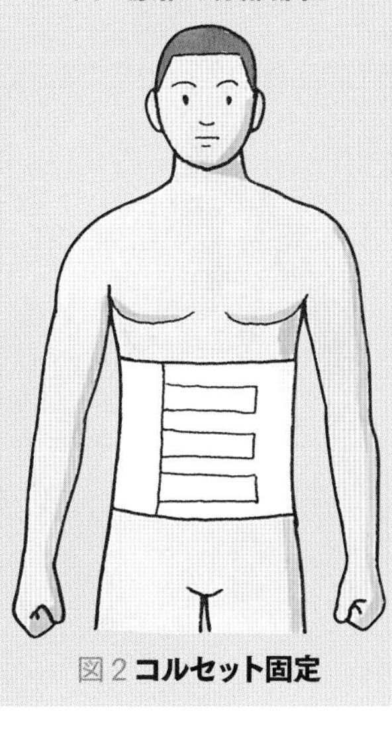

図2 コルセット固定

5 椎間板ヘルニア

椎間板は、椎骨と椎骨の間にある特殊な軟骨のクッション組織です。この椎間板が適度に変形することで、脊椎の動き（屈曲、進展、側屈、回旋）が可能になります。しかし、椎間板に許容範囲を超える強い力が加わると、椎間板の損傷が発生します。椎間板が損傷を受け、後方に飛び出してしまうのが椎間板ヘルニアです（図１）。

椎間板が後方に飛び出すと、脊髄が通っている脊柱管内にはみ出し、脊髄の神経を圧迫します。それによって、下肢のしびれなどの神経症状が現れることがあります。ヘルニアとなった椎間板が、すべて症状を引き起こすとは限りませんが、椎間板の本来の機能が失われているか、低下していることは確かです。

発生機転 物を持ち上げるときが危ない

椎間板の内圧は、前かがみの体勢で物を持ち上げるような姿勢を取ると高くなります。その他、後ろへの反りやひねる動作でも、勢いが強かったり、他の選手の体重が加わっていたりすれば、高い圧力になってしまいます。大きな圧力が瞬間的に加わることで発生することも考えられますが、繰り返し負荷がかかることで発生することもあります。繰り返しの負荷で発生した場合には、いつ発生したのか本人にもはっきりとはわかりません。

野球、サッカー、ウエイトリフティングをはじめ、多くのスポーツで起こります。多くの場合、急性に起きたものか、繰り返しの負荷によるものかは判然としません。

症状 腰痛や神経のマヒ症状が起こる

典型的な症状は２つあります。１つは腰痛。もう１つは、突出した椎間板に圧迫されて起こる神経のマヒ症状です。どこにマヒが起こるかは、ヘルニアの発生した部位によって異なります（図２）。

ヘルニアを起こす椎間板は、第４腰椎と第５腰椎の間の椎間板が最も多く、その場合に影響を受けやすいのは第５腰椎神経根です。ここが圧迫されると、坐骨神経痛、下腿の外側や足の甲の知覚低下、足首を反らせる力の低下などが起こります。

ほかには、第５腰椎と仙骨の間の椎間板も、ヘルニアが比較的起こりやすい部位です。この部位の椎間板ヘルニアでは、足の裏やふくらはぎの知覚低下、足首を下に向ける力の低下、アキレス腱反射が弱くなるなどの症状が現れます。

診断 症状と画像検査から診断する

椎間板の状態を調べるのに MRI による検査が行われます。MRI では、椎間板がどの程度飛び出しているか、それが神経をどの程度圧迫しているか、といったことがわかります（写真１）。その結果、神経の症状とヘルニアの発生箇所が一致するよう

であれば、椎間板ヘルニアと診断されます。

　MRIで見られる椎間板の突出が、すべて症状を出しているとは限りません。神経を圧迫しない程度のものもよくあります。画像で見つかった椎間板の突出で、神経症状が説明できるかどうかが重要です。

治療 腰を安静にして薬で症状を抑える

　治療の目的は、椎間板の突出をなくすことではありません。それによって起きている症状をなくしたり、軽くしたりすることです。

　そのための治療として患部の安静は重要で、一般に腰椎の動きを制限するコルセットが使われます。その他、炎症を抑えるための消炎鎮痛剤、筋肉の張りを緩める筋弛緩剤が、飲み薬として使われます。

　このような方法でよくならない場合や症状が強い場合には、ブロック療法が行われることがあります。神経根近くに薬を注射し、神経に直接作用させる治療です。

　それでも改善しない場合には、椎間板の突出を取り除く手術が行われます。背筋を剥がして椎間板の突出を取り除く方法以外に、内視鏡で行う方法や、レーザーで焼いてしまう方法などがあります。

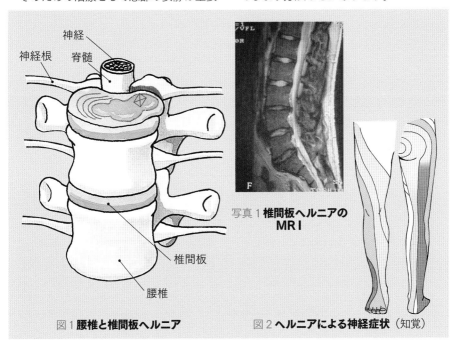

神経
神経根　脊髄
椎間板
腰椎

図1 **腰椎と椎間板ヘルニア**

写真1 **椎間板ヘルニアのMRI**

図2 **ヘルニアによる神経症状**（知覚）

6 腰痛症

腰痛の中には、腰椎分離症や椎間板ヘルニアのように、明確な診断名をつけられないものが少なくありません。そうした原因を特定できない腰痛に対して、腰痛症（ようつうしょう）というあいまいな病名が使われます。

腰の痛みは、腹部臓器や骨盤内臓器の病気でも起こります。女性では生理痛の症状として腰が重だるくなることがありますし、子宮や卵巣の病気で腰痛が出ることもあります。ここでは、整形外科的な原因による腰痛について解説します。整形外科的な腰痛は、スポーツ選手では経験しない人のほうが少ないほど一般的です。

発生機転　筋肉、椎間板、椎間関節に負荷

腰痛症は、その原因によって「筋性の腰痛」「椎間板性の腰痛」「椎間関節性の腰痛」などに分けられます。筋性の腰痛は、いわゆる背筋群の疲労によって発生します。長期間痛みが続き、筋肉に締めつけられるような重苦しさを感じます。背筋の表面を覆う筋膜は非常に強靭なため、疲労した筋肉が膨らもうにも膨らめず、筋肉内の毛細血管が圧力によってつぶれ、血流不足に陥るのです。このようなメカニズムで症状が現れるものを総称し、コンパートメント症候群（P146）といいます。

椎間板性の腰痛は、椎間板が傷ついている場合に起こる痛みで、ヘルニアが神経を押すほどの大きさでない場合でも、ヘルニアがない場合でも起こります。椎間板に圧力やねじれのような負荷が加わることが原因になります。

椎間関節性の腰痛は、上体を反らせる姿勢で痛みが起こります。上体を反らせると、椎骨と椎骨をつないでいる椎間関節（図1）に大きな圧力がかかるためです。

その他、仙腸関節の痛みも腰痛と認識されます。仙腸関節（せんちょうかんせつ）とは、仙骨と腸骨（骨盤を形成する骨）をつなぐ関節です（図1）。

症状　原因により痛みの出方が異なる

腰部に痛みがあることが前提ですが、原因によって、どのような動作で痛みが出るか、それ以外の症状があるかどうか、などが異なります。

診断　誘発動作なども重視する

自覚症状と、痛む部位、痛みを出す動作などの他覚所見を重視し、通常の腰部のレントゲン撮影の他、MRIの画像も検討します。

治療　原因に応じて治療する

原因や発生メカニズムに応じた治療方法を取ります。

●筋性の腰痛……背筋の疲労を取り除き、柔軟性を向上させます。そのための方法として、温熱療法（ホットパック、超音波、鍼（はり）などで背筋を温めて緊張を取り除く）とストレッチングを組み合わせるのが効果的

です。大きなボールの上で腹ばいや仰向け
になり、背筋だけでなく、脊柱全体や骨盤
までストレッチングすることもすすめられ
ます（図2）。

●椎間板性の腰痛……症状の強い時期は、
椎間板ヘルニアの場合と同様、椎間板に強
い負荷がかかる姿勢は避け（図3）、必要
に応じてコルセットで支えるようにしま
す。症状が軽減すれば、無理のない姿勢で
腹筋群を強化します。

●椎間関節性の腰痛……腰の反りを弱める
ことが有効です。そのため、背筋の柔軟性
を高め、腹筋を支える力を強化するトレー
ニングを行います。

　腰痛症の選手には、大腿部や臀部の筋肉
の柔軟性低下がしばしば見られ、これが腰
痛を悪化させる原因になります。これらの
筋群の柔軟性を向上させることも治療には
必要です。

予防 腹筋強化とストレッチング

　治療に有効な腹筋強化などの運動や、背
筋、大腿部、臀部の筋群のストレッチング
が、再発予防に有効です。

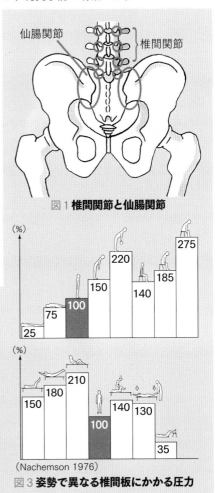

図1 **椎間関節と仙腸関節**

仙腸関節　椎間関節

(%)

25　75　100　150　220　140　185　275

(%)

150　180　210　100　140　130　35

(Nachemson 1976)

図3 **姿勢で異なる椎間板にかかる圧力**

図2 **ボールを用いたストレッチング**

第2章 臨床編 運動器の障害

103

≪1 骨盤・股関節の障害

骨盤裂離骨折

成長期の骨には成長軟骨があります。この部分が筋肉や腱に引っ張られると、その部分で骨が剥がれてしまう「裂離骨折」という障害が発生します。骨盤の骨にも成長軟骨があり、全身の中でも裂離骨折が起きやすい多い部位とされています（図1）。

成長軟骨は骨を成長させて大きくする働きがありますが、ここは成長期の骨のウイークポイントでもあります。また、骨が成長する時期は、骨の長さが伸びることによって、相対的に筋肉は短くなってしまいます。そのため、筋肉は常に緊張した状態を強いられ、骨端核を引っ張ることになります。その引っ張る力も裂離骨折を引き起こす原因となります。

このような状態は、最も身長が伸びる中学生によく見られるもので、骨盤裂離骨折もほとんどは中学生におこります。ただし、成長が早い場合には、小学校高学年で発生することもあります。

発生機転 | 全力疾走やボールのキックで

多くは全力疾走をしているときに発生します。ボールを思い切りキックするときに発生することもあります。

骨盤には多くの筋肉が付着していますが、上前腸骨棘には縫工筋が付着し、下前腸骨棘には大腿直筋が、坐骨にはハムストリングが付着しています。これらの筋肉は、全力疾走をするときに大きな力を発

揮したり、筋肉が引き伸ばされて張力が大きくなったりします。これらの力が成長軟骨の強度を超えると、骨端核の骨のかたまりが剥がれてしまうのです（写真1）。

症状 | 骨盤の強い痛みがある

骨盤のレントゲン撮影を、正面と斜めからの2方向で行います。それによって、どこの成長軟骨に損傷が起きたのか、剥がれた骨がどの程度ずれているかが明らかになります。

診断 | レントゲンで部位と程度を確認

裂離骨折の生じている部位に強い痛みを感じます。ときには「ボキッ」というような骨折音がして、走ることができなくなることもあります。

治療 | 状態により「安静」か「手術」

剥がれた骨端核が本来の位置からそれほど離れていなければ、安静にすることで、骨端核と骨盤の癒合が起こります。その場合、1カ月ほどは運動を中止します。

剥がれた骨端核が本来の位置より5cm以上離れている場合には、筋肉の付着部を元の位置に近づけるため、手術が必要になります。

予防 | ストレッチングで柔軟性向上

成長軟骨層が消えて成人の状態になる時

期は、部位によって異なり、骨盤の骨では高校生以降の年代になります。ただし、成長期の後期には成長軟骨層が薄くなり、骨化が進むため、裂離骨折は起こりにくくなるようです。そのためか、高校生では骨盤の裂離骨折は少なくなります。

裂離骨折の危険性が高いのは骨の成長が活発な時期ですが、この時期には筋肉の柔軟性が低下しています。筋肉の柔軟性の低下が裂離骨折の危険性を高めているので、関係する筋肉のストレッチングを十分に行うことが予防に役立ちます。大腿部の前側と後ろ側のストレッチング（図2）を行うようにします。

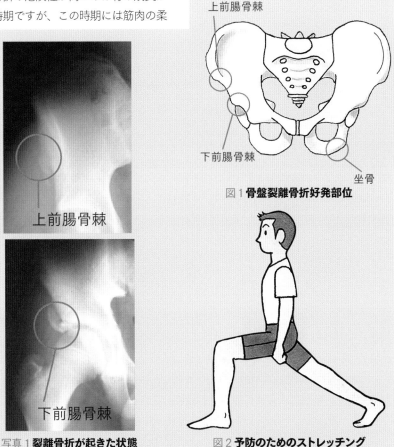

図1 **骨盤裂離骨折好発部位**

上前腸骨棘

下前腸骨棘

坐骨

写真1 **裂離骨折が起きた状態**

上前腸骨棘

下前腸骨棘

図2 **予防のためのストレッチング**

2 梨状筋症候群

梨状筋という名前は、一般的にはあまり知られていませんが、最近のスポーツ界では、この筋肉に関係する障害が増加しています。梨状筋は臀部にある筋肉です。臀部の大部分は大臀筋に覆われていますが、それよりも深い部分に位置しています。股関節を外側に回す（外旋）働きを受け持っています。立った姿勢でつま先や膝を外側に向ける運動が外旋です。また、股関節の後方の壁として、関節を安定させるインナーマッスルとしての働きもしています。

この梨状筋の下側を坐骨神経が通っています。坐骨神経は狭い隙間を通って大腿部へと下降していくため、梨状筋が坐骨神経を圧迫してしまうことがあります（図1）。このようにして坐骨神経に症状が生じる場合を、梨状筋症候群と呼んでいます。

発生機転 梨状筋の疲労が関係している

なぜ梨状筋症候群が発生するのか、まだよくわかっていません。その症状がよく見られるのは、ランニングを主たるトレーニング手段としている選手たちです。当然、陸上競技の選手が多くなります。

梨状筋症候群の症状を持つ選手を調べると、梨状筋が硬くなり、柔軟性が失われています。こうしたことから、梨状筋を疲労させるなんらかの動きが、梨状筋症候群の発生に関係していると考えられています。ランニング動作のバイオメカニクスの観点

からの研究が行われていますが、現時点では、まだ結論が出ていません。

症状 臀部・大腿後面の痛みやしびれ

患側の臀部から大腿後面にかけて、痛みがある、重だるい、しびれる、脚に力が入らないといった症状が現れます。椎間板ヘルニアで見られるような典型的な筋力低下や知覚低下は、多くの場合見られません。

その他、走っているときに力が抜ける、不安定な足運びになるなど、選手の訴えは多様です。いすに長時間座っていると症状が出て患部を浮かせたくなる、という訴えもしばしばあります。

診断 症状や筋力低下を参考にする

前述した自覚症状、梨状筋の圧痛、柔軟性低下（股関節の内旋可動域の低下）、股関節を外旋させる筋力の低下、内旋を強制することによる症状の再現などを参考に診断します。MRIなどの画像検査も行われます。梨状筋症候群と診断するためには、椎間板ヘルニアでないことを確認することが重要で、そのためには腰椎の検査が必要です。梨状筋そのものは、画像上あまり変化が見られないことが多く、ほとんどの場合、確定診断の決め手にはなりません。

治療 臀部の筋肉の柔軟性を高める

運動をしてもいいかどうかは、ランニン

グ中のどのような状態で症状が発生するかによって異なります。走ると常に痛み、重だるさ、力の入りにくさが現れる場合は、走ることを中止する必要があります。最初は問題ないが、筋肉に疲労がたまるトレーニング後半に症状が出る場合には、症状が出ない限り運動は許可します。

治療としては、原因となっている梨状筋を含めた臀部の筋肉の柔軟性を向上させます。そのために、ストレッチング（図２）を行います。梨状筋のストレッチングは１人で行うのが難しいので、うまくできないようであれば協力者のサポートを受けて行います。

ストレッチングで改善が見られず、症状が悪化してしまう場合には、梨状筋と坐骨神経の交差する部位に炎症止めを注射します。この注射をブロック注射といいます。

慢性で長期化した重症例に対し、梨状筋を切って坐骨神経への圧迫を緩める手術を行うこともあると報告されています。

予防 臀部の筋肉に疲労をためない

梨状筋症候群の発生メカニズムに関する研究が行われていますが、まだはっきりした危険因子はわかっていません。そのため、根拠のある予防法はありません。ただ、臀部や大腿部の筋肉に疲労を蓄積させないように手入れしたり、疲労を管理したりすることが有効と考えられています。

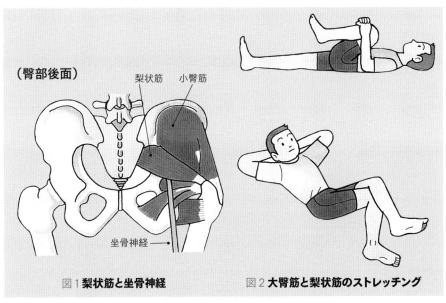

（臀部後面）　梨状筋　小臀筋

坐骨神経 ——

図1 **梨状筋と坐骨神経**　　図2 **大臀筋と梨状筋のストレッチング**

3 恥骨結合炎

恥骨結合とは、骨盤の前方で両側の骨盤の骨が結合する部分です（図1）。骨盤のうち、左右の恥骨という部分が線維組織によって連結された構造になっています。向かい合う骨同士の間で、動きが起こる関係を「関節」、ほとんど動かないように制動されている関係を「結合」といいます。

恥骨結合は基本的には動きませんが、唯一の例外が出産時で、ホルモンの働きで恥骨結合の線維組織が柔らかくなり、赤ちゃんを体外に送り出せるように広がります。

本来なら動かない部位が、強い力を受けて動かされるとケガになります。制動している線維組織や、線維組織の付着している恥骨に損傷が起こるのが恥骨結合炎です。

恥骨には内転筋が付着しています（図2）。内転筋は、股関節を内転(脚を閉じる)させる働きをする筋肉ですが、股関節の屈曲（脚を前方に振る）、伸展（脚を後方に振る）など、多くの動作で補助的に働いています。

発生機転 急なストップや方向転換が原因

恥骨結合を動かす力は、左右の骨盤をずらすような動きによって発生します。急停止や方向転換がこれに相当します。そのため、このような動きをすることが多いスポーツで、恥骨結合炎が多く発生しています。サッカー、ラグビー、アメリカンフットボールなどが、恥骨結合炎を起こしやすい典型的な競技です。

その他、ラクロスやホッケーなどでも見られます。

症状 圧痛の有無が重要

恥骨結合に痛みが生じますが、初期には、大腿部のつけ根の重さや張りを訴えることが多く、恥骨結合の痛みそのものを自覚することは少ないようです。

しかし、初期でも恥骨結合を押すと明らかな痛みがあります。この圧痛の点検が診断する上で重要な価値を持ちます。

診断 検査は画像診断

画像診断として、レントゲン撮影やMRIによる検査が行われます。

レントゲン撮影の画像では、恥骨の先端に虫食いのような変化が見られます（写真1）。MRIの画像では、多くの場合、恥骨結合の両側に高輝度（白く見える）変化が見られます（写真2）。

恥骨結合炎は、自覚症状を訴える部位の名称から、鼠径部痛（あるいは鼠径部痛症候群）という病名で呼ばれることもあります。ただ、正確には、恥骨結合炎は鼠径部痛を発生させる障害の1つと考えるのが妥当でしょう。

また、圧痛が明らかに恥骨結合の部位で起きている場合、診断名は恥骨結合炎とするのが適当であると思います。

治療 軽ければ鎮痛剤で競技も可能

　軽い症状であれば、鎮痛剤を服用することで競技への参加も可能です。鎮痛剤の効果がないようであれば、症状が現れるような動作は控え、恥骨結合にかかる負担を減らす必要があります。

　回復を助けるために、恥骨に付着する内転筋の柔軟性を向上させることも効果的です。左右開脚や前後開脚のストレッチングを十分に行います（図3）。

予防 内転筋のストレッチング

　どのような動作で発生しやすいかはわかっていますが、どのような人に発生しやすいかなど、詳しい発生因子はわかっていません。現段階では、内転筋のストレッチングと、方向転換動作を円滑に行えるように技術を高めることが有効と考えられます。

図3 内転筋のストレッチング

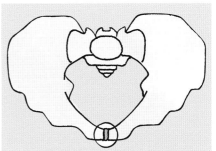

図1 骨盤を上から見た恥骨結合

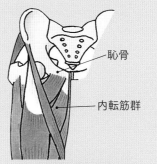

恥骨

内転筋群

図2 恥骨に付着する筋肉

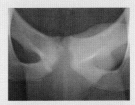

写真1 恥骨先端の虫食い像

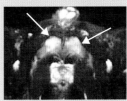

写真2 MRIで見られる恥骨の高輝度

4 股関節脱臼

股関節は、骨盤の両側にある寛骨臼蓋（かんこつきゅうがい）という深いくぼみと、大腿骨の上端の丸い骨頭で構成される関節です。深く組み合っているため、非常に安定しています。また、周囲には、臀筋、ハムストリング、大腿直筋、内転筋など、強い力を発揮する大きな筋肉がそろっていて、股関節をしっかり取り囲んでいます。

そのため、肩関節のように、簡単に脱臼が起きることはありません。ただし、股関節に加わる力が非常に強い場合や、股関節がはずれやすい方向に力が働いた場合には、脱臼が発生することがあります。

発生機転　強い痛みと脱臼感がある

股関節が脱臼しやすいのは、大腿骨が内転（脚を閉じる）し、内旋（つま先が内側を向くようにひねる）している場合です。骨盤と大腿骨がこのような位置関係にあり、さらに大腿骨に下から突き上げるような力が加わると、大腿骨頭が後方にはずれて脱臼が起こります。

これまでに報告されている例としては、野球の走塁で、ベースに足から滑り込んだときに起きた症例があります（図1）。守備の選手に足から衝突し、股関節を突き上げる力が働き、脱臼が起きてしまったのです。

小中学校で、校庭に固定されたベースに勢いよく滑り込み、股関節脱臼（こかんせつだっきゅう）が発生した例もあります。ベースが動かないため、股関節に下から突き上げるような力が加わってしまったのです。

また、ラグビーやアメリカンフットボールで、ジャンプしてボールをキャッチした選手が、空中でタックルされ、股関節脱臼が起きてしまったケースもあります。いずれにしろ、深い臼蓋から骨頭がはずれるには、強大な力が加わっています。

症状　下から突き上げる力で起こる

股関節から臀部にかけて強い痛みが起こり、脱臼感（関節がはずれたという感じ）があります。股関節を曲げた位置で脚を動かせない状態になります。体重をかけることも、いつも通りに股関節を動かすこともできません。

診断　レントゲン撮影で確認する

股関節に強い痛みがあり、動かすことができない場合には、骨折か脱臼を考えます。どちらにしても重大な障害なので、なるべく早く病院に運び、レントゲン撮影を受ける必要があります。レントゲン撮影によって、容易に診断できます（写真1）。

治療　約1カ月の安静が必要

脱臼している股関節を整復する必要がありますが、関節が体の深い部分にあり、周囲にある筋肉の力が強いため、肩関節や肘

関節の脱臼のように、現場で整復すること
は不可能です。したがって、なるべく早く
病院に搬送し、麻酔をした状態で整復する
ことになります。

　はずれていた骨が整復されても、関節周
囲の靭帯や関節包が損傷を受けているの
で、これが修復されるまでの約1カ月間は
安静が必要です。

　さらに、股関節脱臼の場合、大腿骨頭に
栄養を送っている血管が損傷を受けること
があります。この場合、大腿骨頭に送られ
る血液が不足し、大腿骨頭壊死という合併
症を起こす危険があります。そのため、M
RI検査によって、骨頭の血流が保たれて
いるかどうかを確認していく必要がありま
す。それによって、体重をかけ始める時期
などを決定します。

　大腿骨頭壊死に陥ってしまった場合に
は、骨頭の変形の程度により、適切な治療
法を選択します。骨を移植する方法や人工
骨頭（図2）を入れる方法などがあります。

予防　固定ベースを使わない

　多くは不可抗力による予期しない発生で
あるため、これといった予防策はありませ
ん。ただ、野球で固定ベースが原因となる
ことがあるので、股関節脱臼を防ぐには、
これを廃止することが望ましいでしょう。
固定ベースは股関節脱臼以外にも、足関節
の脱臼骨折などの原因にもなっています。

図1　**すべり込みで起こる**

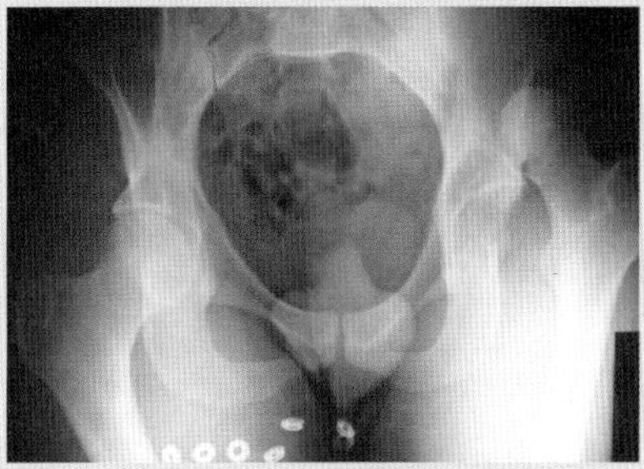

写真1　**股関節脱臼**

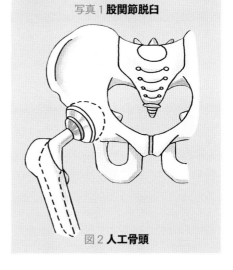

図2　**人工骨頭**

≪8 大腿の障害

▌肉ばなれ

肉ばなれを起こした筋肉では、筋線維が腱や腱膜との連結部で断裂しています。画像検査の進歩によって、それが明らかになってきました。

大腿部は肉ばなれが起こりやすい部位で、特に大腿部の後ろ側にあるハムストリングは、最も肉ばなれを起こしやすい筋肉です（図1）。ハムストリングは、外側の大腿二頭筋、内側の半膜様筋と半腱様筋という3つの筋肉から構成されています。これらは、膝関節と股関節を越える2関節筋（厳密には大腿二頭筋の短頭のみ1関節筋）で、膝を曲げる、大腿部を後方に引く（股関節を伸展させる）という働きは共通しています。しかし、詳しい研究はまだ進んでいません。

大腿直筋も肉ばなれが多い筋肉です。大腿部の前側には大腿四頭筋という大きな筋肉がありますが、その中央に位置するのが大腿直筋です（図1）。大腿直筋は、大腿四頭筋の4つの筋肉の中で、唯一、膝関節と股関節を越えて働く2関節筋です。

発生機転 | 伸長性収縮の場面で起こる

多くの場合、筋肉が伸ばされながら力を発揮する伸長性収縮のときに起こると考えられています。走るときについていえば、前に振り出した足で接地し、大腿部を後ろに引いて体を推進させる瞬間、ハムストリングは伸長性収縮を行っています。また、着地の衝撃で膝が曲げられるとき、大腿直筋は伸長性収縮となります。

症状 | 鋭い痛みが突然発生する

全力疾走をしているときなどに、突然鋭い痛みが起こります。ときには「ブツッ」という断裂音が聞こえることもあります。痛みによって筋力が発揮できず、ストレッチングを行うのも困難になります。

診断 | 程度の診断には画像検査が必要

肉ばなれの多くは、発生機転と痛む部位を確認することによって診断できます。ほとんどの場合、痛みのために筋緊張が低下しています。また、患部に触れてみると、筋肉がへこんでいることがありますが、この場合には「筋断裂」と診断します。

筋線維にどの程度の損傷が起きているかを明らかにするためには、画像検査が必要です。MRIや超音波検査では、筋線維の断裂が確認でき、広がりもわかります（写真1）。

治療 | 1週間は圧迫して保護する

応急処置で必要なのは、患部のアイシングと圧迫です。復帰までの期間は、損傷の程度によって異なりますが、通常1週間は包帯やサポーターで圧迫して保護し、ランニングのような筋肉に張力が加わる動作は避けます。

その後、徐々にストレッチング（図2、3）を行い、柔軟性を回復させるとともに、筋

力を発揮させる訓練をします。２週間で軽いジョギングを開始します。典型的なハムストリングの肉ばなれでは、元のトレーニングができるまでに平均６週間を要します。

予防 **筋力のバランスを整える**

筋力のアンバランスや柔軟性の不足が、危険因子として報告されています。筋力のアンバランスには、左右のアンバランスと拮抗する筋肉とのアンバランスがあります。

筋量や筋力の左右差が目立つ場合は、弱い側の筋力強化に努めます。また、女子や年少の選手では、ハムストリングが弱い傾向があり、ハムストリングを意識したトレーニングが必要です。

肉ばなれが起きやすいのは、春先、シーズン初め、疲労時など。気温が低いとき、動きに慣れていないとき、疲れて筋肉が固くなっているときが危険なので、予防のために十分なウォーミングアップを行います。

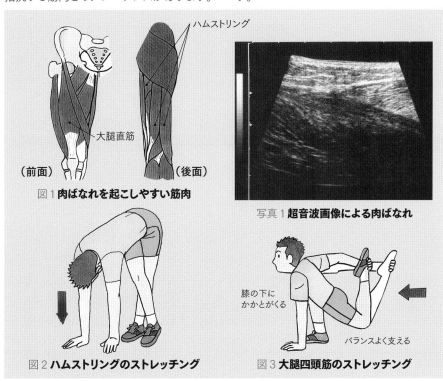

図1 **肉ばなれを起こしやすい筋肉**
（前面）（後面）
ハムストリング
大腿直筋

写真1 **超音波画像による肉ばなれ**

図2 **ハムストリングのストレッチング**

図3 **大腿四頭筋のストレッチング**
膝の下にかかとがくる
バランスよく支える

2 筋挫傷

筋挫傷は、筋肉の外からの力によって、筋線維が押しつぶされる損傷です。コンタクトスポーツでは衝突は日常茶飯事なので、アメリカンフットボールのように防具として衝撃を吸収させるパッドを装着するスポーツもあります。

筋挫傷を受けやすいのは、衝突を受けやすい部位にある筋肉です。臀部、大腿部前面、下腿部前面・後面などの筋肉によく見られます。大腿部前面は頻発部位といっていいでしょう（図1）。コンタクトスポーツでは後方からのタックルは反則になることがあるため、前方や側方への衝突が多くなります。ただし、打球や投・送球はさまざまな部位に衝突します。

衝突による筋挫傷では、筋線維だけでなく血管も損傷を受け、ときに大量の出血が起こることがあります。

骨がある部位では、衝突の力によって筋肉が骨に押しつけられ、筋挫傷が発生します。このようにして骨に隣接した部位で出血すると、反応性に骨が作られる現象（骨化）が起こることがあります。このような状態を骨化性筋炎といいます（P46参照）。

発生機転 選手やボールとの衝突で起こる

他の選手の体の一部（多くは頭部や膝）、あるいはボールなどの競技用具が、筋肉に衝突することで起こります。原因としてよく見られるのは、タックルやブロックなどのプレーによる他の選手との衝突、あるいは打球や投・送球の衝突です。

衝突したものの大きさや衝突の速度によって、損傷の大きさが決まります。

症状 筋肉の痛み、腫れ、脱力

衝突を受けた筋肉に、痛み、腫れ、脱力などの自覚症状が現れます。

筋肉内で出血が起こり、血液が筋肉内にたまる血腫ができると、著しい腫れや液体による波動が生じます。

骨化性筋炎を起こした場合には、筋肉の動きが制限され、関係する関節の動きが著しく低下します。

大腿部前面の筋挫傷で膝が曲がらなくなったというように、関節の動きが著しく低下している場合には、骨化性筋炎を疑う必要があります。

診断 詳しい診断には画像検査を

発生機転と症状から容易に診断することができます。ただ、筋肉の損傷がどれくらいの範囲で起こっているか、血腫ができていないか、といった詳しい診断には、MRIや超音波検査の画像が役立ちます。

骨化性筋炎を疑う場合には、レントゲン撮影を行います。骨化が起きている場合には、骨の周囲に白い影が写ります（写真1）。ただし、筋挫傷の発生後1〜2週間しないと、骨化は明らかになりません。

治療 血腫を防ぐには圧迫が大切

　現場でできる応急処置はアイシングと圧迫です。圧迫が不十分な場合には、出血が続いて血腫ができてしまいます（写真2）。血腫が大量に生じた場合には、取り除かなければなりません。早期であれば、注射器で吸い出すことができますが、時間がたつと血液が凝固するため、吸い出せなくなります。その場合には、切開することが必要になります。

　関節の可動制限があり、骨化性筋炎が疑われるような場合には、関節の可動域を無理に広げるような治療やリハビリテーションを行ってはいけません。骨化の反応を悪化させてしまうことになるので、安静を保つことが大切です。

予防 適切な防具を使用する

　衝突は避けられないことが多いので、衝突がおきても体を守れるように、適切な防具を使用することが筋挫傷の予防に役立ちます。野球ではデッドボールによる筋挫傷を防ぐ防具が使用されており、アメリカンフットボールでも大腿部にパッドが使用されています。

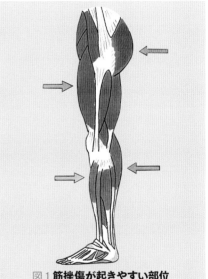

図1 筋挫傷が起きやすい部位

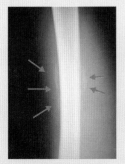

写真1 骨化性筋炎

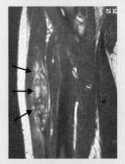

写真2 MRIで見る血腫

3 疲労骨折

大腿部は疲労骨折を起こしやすい部位です。疲労骨折はランニングをする人に多いのですが、ランナーの疲労骨折としては、下腿（脛骨、腓骨）、足（中足骨、舟状骨）に次ぐ発生件数が見られます。

発生部位は、大腿骨の頚部、骨幹部、顆上部の3カ所に大別されます（図1）。疲労骨折がどこに起こるかによって、治癒までの期間や危険度に違いがあります。

発生機転　着地衝撃や骨のたわみが原因

多くはランニング時の着地衝撃や、蹴り出す際の大腿骨のたわみや筋収縮による力によって起こると考えられています。

頚部は股関節に含まれる部分ですが、体重がかかることによって、内反方向に負荷を受けます（図1の矢印）。また、骨幹部の内側にはさまざまな長さの内転筋群が付着し、顆上部には腓腹筋も付着しています。これらの筋肉が収縮するときには、大腿骨に負荷がかかり、その力も疲労骨折の原因となっています。

症状　場所がはっきりしない痛み

鼠径部や大腿部に、場所がはっきりしない漠然とした痛みを感じることが多いようです。そのため、大腿骨の疲労骨折と診断がつくのが遅くなる傾向があります。

ランニング中の着地で力が入らないなど、特異性のない症状が現れることも初期にはしばしばあります。

診断　画像検査が欠かせない

自覚症状だけで診断することはできません。レントゲン撮影やMRIなどの画像検査を活用します（写真1、2、3）。

特にMRIは、レントゲン撮影で明らかになる前の段階で、異常を発見することができます。

そのため、危険性が高い頚部の疲労骨折を発見するのに有用です。骨がどの程度修復しているかは、レントゲン撮影で確かめることができます。

治療　トレーニングを制限し安静に

治療の基本は安静とトレーニング制限です。特に大腿骨頚部の疲労骨折は、完全骨折になったときの危険度が高いので、患部に大きな負荷がかからないように厳重な管理を必要とします。

場合によっては、体重をかけないようにするため、松葉杖の使用をすすめられることもあります。完全骨折が起こり、骨のずれが生じている場合には、手術による治療が必要になります。

骨幹部の疲労骨折や、顆上部の疲労骨折であれば、多くは1～2カ月で治癒します。ところが、頚部の疲労骨折は、場合によっては治癒までに6カ月近くを要することがあります。

予防 骨密度を高めておく

どのような人に起こりやすいかについては、まだはっきりとわかっていないことが大部分です。ただし、骨密度が低いことは、疲労骨折の危険性を高める1つの原因と考えられています。骨密度の検査を行って、検査値の低い選手は、カルシウムやたんぱく質の摂取、トレーニング量の調整などに気をつけるようにします。

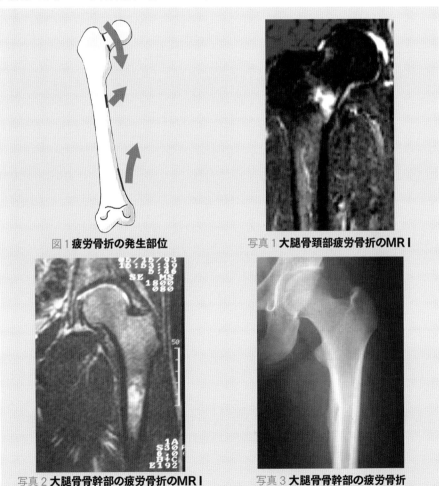

図1 疲労骨折の発生部位

写真1 大腿骨頚部疲労骨折のMRI

写真2 大腿骨骨幹部の疲労骨折のMRI

写真3 大腿骨骨幹部の疲労骨折

《9 膝関節の障害

| 内側側副靱帯損傷

膝関節の障害では、球技を中心に靱帯損傷が発生しやすく、特に重要視されています。中でも発生件数が多いのは、膝関節の内側を支持している内側側副靱帯の損傷です（図1）。

この靱帯は膝関節の内側の皮下にあり、関節包と接しているので、痛みや腫れを直接観察しやすいという特徴があります。内側側副靱帯損傷には、合併損傷として、半月板損傷や十字靱帯損傷など、関節内部の損傷が起こることもあります。これらが起きていないかをチェックしておくことも大切です。

発生機転 膝が内側に曲がることが原因

内側側副靱帯が強く引っ張られることで発生します。そのような状況は、膝が外側から内側に曲げられる（外反する）ことでおこります。ラグビーなどでタックルを受けた場合が、内側側副靱帯を痛めやすい代表的な状況です。

他の選手との接触がなくても、方向転換や着地の際に膝が外反することがあります。このような場合には、内側側副靱帯だけでなく、前十字靱帯を損傷する危険性も高くなります。

症状 膝の内側の痛みと腫れ

膝関節の内側に痛みと腫れが現れます。また、膝関節が外反する方向に力が加わると、不安感や不安定感を感じます（写真1）。靱帯に沿って内出血が見られることもあります。

診断 不安定性は1〜3度で判定

内側側副靱帯の部位に一致した痛みや圧痛があり、膝を外反させたときに痛みや不安定感があることから、ほぼ診断することができます。

不安定性の程度は、膝に外反ストレスを加えたときの不安定性（ぐらつきの程度）を調べ、次のように判定します。

1度……痛みだけで不安定性はない。
2度……軽度の不安定性が見られる。
3度……強い不安定性がある。

さらに、ＭＲＩによって、靱帯が受けている損傷の程度や深さ、合併損傷の有無などを調べることもあります。

治療 包帯やサポーターで圧迫し保護

1度、2度の損傷であれば、多くの場合、患部を包帯やサポーターによって保護することで治ります。

3度の損傷でも、靱帯の損傷部分をパッドで押さえ、幅広く包帯やサポーターで圧迫します（図2）。これにより、2カ月程度でスポーツに復帰することができます。

予防 競技によってはブレースを使用

膝関節に対する外反ストレスは、タックルなどの競技動作に伴って発生するため、完全に予防するのは難しいと考えられま

す。ただし、競技によっては、金属の支柱が備わったブレース（写真2）を使用することにより、予防効果が期待できるという意見もあります。

このブレースには、合併しやすい前十字靱帯損傷の予防も期待されています。

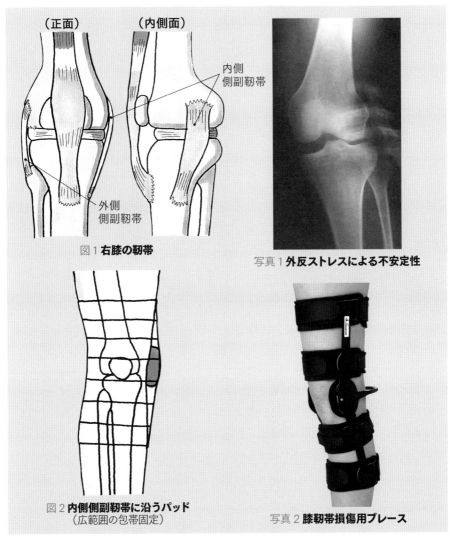

（正面）　（内側面）

内側
側副靱帯

外側
側副靱帯

図1 **右膝の靭帯**

写真1 **外反ストレスによる不安定性**

図2 **内側側副靱帯に沿うパッド**
（広範囲の包帯固定）

写真2 **膝靭帯損傷用ブレース**

2 前十字靭帯損傷

膝関節には、関節の周囲だけでなく、関節内部にも靭帯が存在し、関節の安定化に役立っています（図1）。特に方向転換のような複雑な動きは、関節内の靭帯による支持性がないと行うことができません。

前十字靭帯損傷は、スポーツ医学の発展を象徴する歴史を持っています。半世紀前には、関節の内部を検査する手段がありませんでした。そのため、膝のケガをしたあと、関節の不安定性が残る原因が解明できなかったのです。しかし、関節鏡が発達し、関節を大きく切開することなく内部を検査できるようになったことで、前十字靭帯損傷と膝の不安定性との関連が明らかになってきました。それにより、診断方法、治療方法が進歩したのです。診断には、ＭＲＩの進歩も役立っています。

発生機転　接触や方向転換動作が原因

接触型損傷と非接触型損傷に大別されます。接触型損傷は、ラグビーのタックルのように、他の選手との接触による外部からの力が膝に加わることで起こります。

主に横からの力で膝が内側に曲げられたり（外反）、まっすぐの状態から逆に反らされたり（過伸展）することで損傷が起こります。

非接触型損傷は、本人の動作だけで起こるものです。急停止や方向転換の動作、着地動作などで損傷が生じます。

症状　徐々に起こる腫れや曲げにくさ、ぐらつき

損傷を受けた直後は、前十字靭帯そのものの痛みは軽いのですが、関節内に血液がたまると徐々に関節の腫れや曲げにくさを自覚するようになります。これらの急性症状が落ち着いたあと、いろいろな動作をしてみると、ダッシュなどの直線方向の運動は問題なくできますが、急停止や方向転換などで膝のぐらつきを感じます。このぐらつきは、大腿骨と脛骨の間での回旋亜脱臼現象によるものです。

診断　膝関節のぐらつきを調べる

膝の徒手テストで、前後方向と回旋方向に不安定性があるかどうかを調べます。不安定性が確認でき、膝のぐらつきに関する病歴がわかれば、それでほぼ診断がつきます。ただ、確定診断のためには、靭帯が切れていることを確認する必要があります。以前は関節鏡で調べましたが、最近はＭＲＩで確認できます（写真1、2）。

治療　靭帯を再建する手術もある

関節の不安定性によって競技の動作ができないのであれば、なんらかの方法で関節を安定させる必要があります。

1つの方法は、テーピングやブレースを用いる方法です。動きが複雑でない場合には、これだけで不安定感がなくなる可能性

もあります。しかし、速く走りながらの方向転換などでは安定せず、ぐらつきを繰り返してしまいます。その場合には、靭帯を作り直すことになります。

　膝の近くにある腱を使って、本来の前十字靭帯の位置に代わりの靭帯を作る靭帯再建という手術が行われています（写真3）。代わりの靭帯の材料となる腱には、ハムストリングを構成する筋肉の1つである半腱様筋の腱か、あるいは膝蓋腱が使われます。

　これらの腱は、やがて再生することが、最近の研究で明らかにされています。

　靭帯を再建しても、すぐにスポーツができるわけではありません。膝関節の動きや筋力を徐々に回復させ、ジョギングは3カ月で、接触のないスポーツなら6カ月で、ラグビーなど衝突の起きるスポーツは9〜12カ月で復帰となります。

予防 **トレーニングで防ぐ**

　予防のためのトレーニングが考案され、現場で用いられています。具体的には、着地動作で膝を危険のない位置にすることを身につけたり、下肢と体幹部を支える筋力を強化したりするトレーニングです。

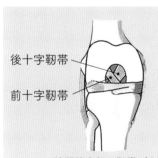

後十字靭帯
前十字靭帯

図1 **膝関節内部の靭帯**（右、正面）

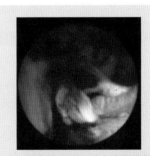

写真1 **関節鏡で見た前十字靭帯損傷**

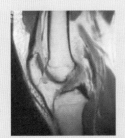

写真2 **MRIによる前十字靭帯損傷の確認**

写真3 **靭帯再建手術**

3 後十字靭帯損傷

後十字靭帯（こうじゅうじじんたい）は、前十字靭帯と同様に膝関節の内部に存在する靭帯です。この靭帯は膝関節の後方にあり、前方から見ると、関節の内側上方からやや外側下方へとつながっています（図1）。

主な機能は、大腿骨と脛骨をつなぎ、脛骨が後ろにずれないように支持することにあります。回旋方向に対して支持する役割は、前十字靭帯ほどではないようです。

発生機転 転倒して膝から落ちたとき

ラグビー、アメリカンフットボール、サッカーなど、他の選手との接触や衝突が起こるスポーツで多く見られます。転倒して膝から地面に落ちたときに発生することが多いようです。

膝から落ちたような場合、実際には、脛骨の上端部が地面によって強打されます。そのため、大腿骨に対して脛骨が後方に押し込まれてしまうことで、大腿骨と脛骨をつないでいる後十字靭帯が損傷を受けると考えられています。他の選手との衝突によって、膝が内側に曲がったり（外反）、外側に曲がったり（内反）しても、後十字靭帯が損傷を受けることはあまりありません。ただ、膝がまっすぐの状態から逆側に反らされる（過伸展）ように力が加わった場合には、前十字靭帯とともに損傷を受ける複合損傷として、後十字靭帯も損傷を受けることがあります。

症状 脛骨が後方にずれる

関節の内部にある靭帯なので、損傷を受けた直後には、あまり特徴的な症状は現れません。少し時間が経過して、関節内に出血した血液がたまってくると、徐々に関節が腫れ、曲がりにくくなってきます。これは前十字靭帯損傷の場合と同じです。

急性期を過ぎて運動を始めると、ストップするときに、膝が前後にぐらつくような不安定性を感じるようになります。

また、膝を立てた状態で座ったときに、脛骨が後ろに落ちたように見えるのが後十字靭帯損傷の特徴です（写真1）。このとき、後十字靭帯の支えがなくなった脛骨は、実際に後方にずれています。

診断 病歴と徒手テストで診断

転倒して膝から落ちたという事実があることと、徒手テストで見られる脛骨が後方に沈む兆候によって、多くの場合は診断が可能です。

確定診断のためには、後十字靭帯の状態を調べる必要があり、MRIによる画像検査が行われます（写真2）。完全断裂の場合には、靭帯の上端が本来の付着部から離れているのがわかります。部分断裂の場合には、靭帯全体の走る方向は変わりませんが、画像上の靭帯の色合いが白く、腫れた状態に見えます。

治療 基本的に手術は行わない

　基本的には保存療法で対応します。具体的には、テーピングやサポーター類によって、脛骨の後方へのずれを抑制します。後十字靭帯損傷用のサポーターやブレースも販売されています。大部分の選手は、これらを利用することにより、大きな支障なくプレーが可能になっています。

　テーピングやサポーター類を使っても関節の不安定性が改善せず、そのためにスポーツに支障をきたしている場合に限り、手術が行われます。手術方法は前十字靭帯損傷の場合と同様で、切れた靭帯を再建する手術になります。

予防 効果の確実な方法はない

　多くは不可抗力による転倒などにより発生するため、予防するのは困難だと考えら

れています。予防的にサポーターやブレースを使用することに関しては、その効果を証明するエビデンス（科学的な根拠）はありません。

　前十字靭帯損傷を予防するトレーニングプログラムは、膝全体の損傷防止という意味で役立つかもしれません。

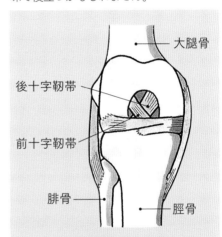

図1 **膝関節内部の靭帯**

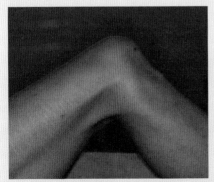

写真1 **脛骨の後方への沈み込み**

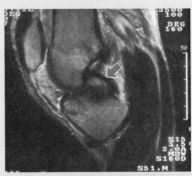

写真2 **MRIで見る後十字靭帯**

4 半月板損傷

半月板は、膝関節内部の大腿骨と脛骨の間に介在するクッション組織で、線維軟骨でできています。半月というより、三日月を少し太くしたような形をしていて、膝の内側（母指側）と外側（小指側）に1個ずつ存在しています（図1）。

半月板の役割は、膝関節に加わる衝撃を分散することと、関節表面の接触面積を広くして関節を安定させることです。高齢者では、関節軟骨だけでなく半月板も摩耗し、働きが失われていることがあります。若い選手でも半月板がなくなると関節軟骨にかかる負担が増え、関節軟骨がすり減る変形性膝関節症が発生しやすくなります。

二足歩行の人間では、片足に体重の数倍から10倍以上の負荷がかかることがしばしばあり、半月板には強い力が加わります。半月板が生まれつき大きく、中央の穴の部分がほとんどない半月が満月のような形をしている半月板を円板状半月板といいます。円板状半月板では、普通の動きでも、半月板を損傷させるような力が加わってしまうため、膝の捻挫などのきっかけがなくても、損傷が発生します。

発生機転 膝の捻挫や繰り返しの衝撃

急性のケガで発生する場合と、慢性の経過で発生する場合とがあります。

急性のケガでは、膝の捻挫（内反、外反、過伸展など）が原因になります。捻挫によって靭帯損傷はないのに、半月板損傷だけおきることがあります。膝関節が外側に曲がってしまう内反では、内側の半月板が損傷を受けます。膝関節が内側に曲がる外反では、外側の半月板が損傷されます。

慢性経過で起こるものは、どのような外力が直接の原因になっているのか、はっきりしたことはわかりません。しかし、長距離ランナーにも半月板損傷が見られることから、小さな損傷の蓄積でも、損傷が起こるのかもしれないと考えられています。

症状 曲げ伸ばしで膝の内部が痛む、曲げ伸ばしできない

膝に体重がかかっているときや、膝を屈伸させるときに、膝の内部に痛みがあり、屈曲制限や伸展制限などの可動域制限があります。これらが、半月板損傷の典型的な症状です。膝がある角度で動かなくなり、屈曲も伸展もできなくなるロッキング現象が起こることもあります。

診断 痛みを誘発して診断するテスト

関節の裂隙（隙間）と一致した圧痛があり、膝関節を捻挫したことがわかっている場合には、半月板損傷の可能性があります。膝を曲げた状態で、内旋や外旋を加えながら膝を伸ばしていくマクマレーテストという方法があります。半月板に負荷をかけて痛みを誘発する検査です。

確定診断には、半月板が損傷を受けてい

ることを確認する必要があります。そのためにはMRIが最も有用です（写真1）。

治療 関節の動きに制限があれば手術

半月板は自然修復の難しい線維軟骨でできているため、関節にはっきりした動きの制限があれば、手術が必要になります。

動きの制限がなく、損傷が小さい場合には、足底板による治療が行われます。内側の半月板損傷なら、膝の外側で体重を受けるように、足底板で足の外側を持ち上げます。逆に、外側半月板の損傷なら、膝の内側で体重を受けられるように、足底板で足の内側を持ち上げます。

このような方法では関節の動きの制限が改善せず、競技に復帰できない場合には、手術が行われます。手術には、損傷した部分を切り取る切除術と、損傷部分を縫う縫合術があります。どちらの手術も関節鏡を使い、関節を大きく切開せずに行われます。

半月板は関節の動きを助け、関節軟骨を保護するため、現在はできる限り半月板を切除しないことが原則になっています。滑膜を縫い込むなど工夫が加えられて、半月板を温存する治療が進んでいます。

予防 膝以外の関節をうまく使う

膝関節の捻挫を予防することが難しいため、半月板を損傷の予防も難しいと考えられます。ただし、フットワークの練習、股関節を使う練習など、膝関節以外の関節をうまく使うことが、膝の負担を減らし損傷を予防するのに役立ちます。

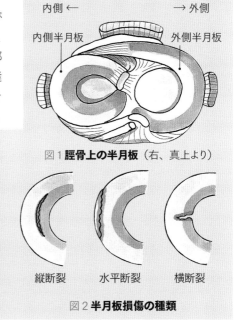

図1 脛骨上の半月板（右、真上より）

縦断裂　水平断裂　横断裂

図2 半月板損傷の種類

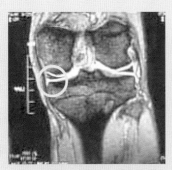

写真1 MRIで見る半月板損傷

5 タナ障害

膝関節の内部には、関節内の空間である関節腔を仕切る膜状の壁がいくつかあります。この壁を滑膜ヒダといいます。膝関節の内側から下方にかけての部分で、大腿骨と膝蓋骨の間に見られる滑膜ヒダは、全人口の3～5割に存在します。この滑膜ヒダは、関節鏡で観察すると物を乗せる棚のように見えるため、タナと呼ばれています（写真1）。タナの幅は個人差が大きく、痕跡程度のわずかなものから、関節腔を仕切ってしまうものまでさまざまです。

膝関節を屈伸する際、特に浅く曲げた状態から伸ばすときに、タナは大腿骨の下端の膨らみ（内顆）を乗り越えます。

発生機転　ランニング動作でタナがすれる

膝の屈伸を繰り返す動作が原因となります。特にランニング動作では、タナが大腿骨下端の内顆とぶつかってすれ、その結果、炎症を起こして腫れます。ランニングの着地の瞬間、衝撃吸収のために膝関節がわずかに曲がり、その後、地面を蹴って進みながら膝関節は伸びてきます。この動作の繰り返しでタナがすれます。さらに大腿四頭筋の緊張が加わると、膝蓋骨が大腿骨に押しつけられるため、ますますタナと内顆との摩擦は大きくなります。

このような状態が慢性的に続くと、タナがすれる痛みによって走ることが難しくなります。この状態をタナ障害と呼んでいます。大腿四頭筋が疲労しているときには、筋の緊張が高まっているため、タナの摩擦が強くなり障害が起きやすくなります。

症状　膝蓋骨の内側下方が痛む

膝関節前方の膝蓋骨の内側下方に痛みがあり、特に運動時に痛みます。長時間座っているときに違和感を覚えることもあります。ランニング中や膝を伸ばそうとするときに、タナがすれる感触を自覚する人もいます。

診断　痛みの部位や痛みの誘発で診断

痛みを感じる部位、軽く膝を曲げた状態からの伸展で痛みが誘発されること、さらに圧痛部位（図1）を圧迫しながら膝を伸展していくと、タナのすれが感じ取れる場合があります。これらの診察所見によって、ほぼ診断することができます。

確定診断のためにはMRI検査が行われます（写真2）。これはタナ障害以外に、症状を引き起こしている異常がないことを確認するための検査です。

治療　症状が強ければブロック注射

軽症の場合には、大腿四頭筋のストレッチング、ランニング量の制限、ランニング後のアイシングで対応します。

テーピングによって、膝蓋骨を内側下方に寄せることも行われます（図2）。こう

することで、タナに加わる摩擦を軽くすることができます。

　症状が強く、痛みのために十分に走ることができない場合には、タナの部分に炎症止めの薬を注射するブロック注射が試みられます。数回のブロック注射で効果がなければ、関節鏡で見ながらタナを切り離す手術が行われます。

予防 **大腿四頭筋のストレッチング**

　大腿四頭筋が疲労していると、タナ障害の症状が出やすくなります。そこで、大腿四頭筋のストレッチングを励行し、タナの摩擦を軽減します。

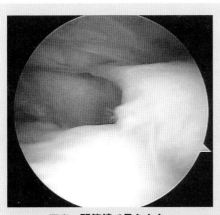

写真1 **関節鏡で見たタナ**

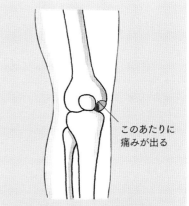

このあたりに痛みが出る

図1 **タナ障害で現れる圧痛部位**

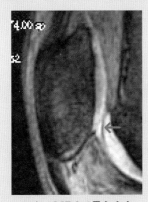

写真2 **MRIで見たタナ**

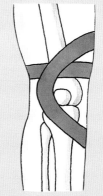

図2 **タナ障害に対するテーピング**

6 軟骨損傷

膝関節は下肢の最も重要な関節で、高い負荷がかかります。そのため、体重を受ける関節表面の軟骨は、損傷が起きる危険性が高くなります。

膝関節を構成する大腿骨、脛骨、膝蓋骨が互いに向かい合う表面には、他の関節に比べて厚い関節軟骨が存在し、関節に加わる力を吸収分散する働きをしています。しかし、関節軟骨の許容範囲を超えた力が加われば、関節軟骨に損傷が起きます（写真1）。靭帯損傷や半月板損傷を起こすような負荷が加わったときに、それに伴って軟骨損傷が起きることもあります。

損傷が徐々に蓄積し、正常な軟骨がすり減ると、関節の滑らかな動きが失われ、衝撃を吸収分散する機能が低下してしまいます。この状態になると、軟骨が減ることで骨への負荷が増加し、軟骨の下にある骨が周囲に突出する変化を起こすようになります。このようにして起こる関節の障害を変形性関節症と呼びます。

このような変化は、通常は高齢になってから発生しますが、スポーツ選手では、軟骨損傷のために、若い年代で変形性関節症になることがあります。

発生機転　膝の捻挫などがきっかけになる

膝の捻挫により内反、外反、過伸展など特定方向へ強い力が加わった場合、高い場所からの着地により関節表面同士が強く衝突したような場合に発生します。コンタクトスポーツでは、タックルで関節に強い衝撃が加えられておこることもあります。十字靭帯損傷や半月板損傷がおきたときには、関節軟骨の損傷が合併していることがしばしばあります。

症状　熱感、腫れ、関節水腫

関節内で損傷がおきたことにより、それに伴って炎症が生じます。熱感、腫れ、関節水腫が、代表的な関節炎の症状です。関節炎症状が強い場合には、関節を曲げにくくなります。

診断　自覚症状や関節炎の所見で診断

自覚症状、関節炎の所見（熱感、腫れ、関節水腫）に加え、レントゲン撮影やMRIなどの画像検査を参考にして診断します。関節水腫の関節液を抜いたときに、傷ついた軟骨の破片が浮いているようであれば、軟骨の損傷が疑われます。

比較的軽症の軟骨損傷の場合、画像検査では変化を見つけにくく、関節鏡検査で損傷が発見されることもあります。変形性関節症の状態にまで進行すると、レントゲン撮影で、関節の隙間が狭くなっていることがわかります（写真2）。

治療　できるのは症状の改善

損傷を受けた軟骨は基本的には回復しま

せん。そこで、自覚症状を改善するための治療が中心になります。

関節炎症状が強い場合には、炎症を抑えるために、飲み薬や関節への注射が行われます。関節軟骨の機能が失われ、引っかかり感があったり、関節水腫を繰り返したりする場合は、関節液の成分であるヒアルロン酸を、関節内に注入する方法もあります。ただ、この方法は効果が長く持続せず、試合のたびに注入する選手もいます。したがって、根本的な治療法ではありません。

損傷部分にかかる負荷を減らすため、シューズの中に足底板を入れ、大腿骨と脛骨の角度を変えることで、関節軟骨の損傷していない部分で体重を受けるようにする方法もあります。

最近では、重症の軟骨損傷に対して、軟骨を移植する手術も行われています。将来は、培養して増やした自分の関節軟骨の移植が可能になるかもしれません。

軟骨損傷が高度に進行した場合には、のちに人工関節を入れる場合もあります（図1）。

予防 足底板の使用や筋力強化

軟骨損傷の進行を予防するのに、足底板の使用、関節周囲の筋力強化、体重の減量などが考えられます。十字靭帯や半月板の損傷と併発することが多いので、それらを防ぐ方法も参考にしてください。

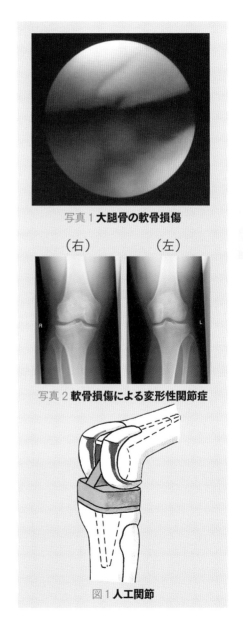

写真1 **大腿骨の軟骨損傷**

（右） （左）

写真2 **軟骨損傷による変形性関節症**

図1 **人工関節**

1 膝蓋腱炎

膝蓋腱炎は昔から「ジャンパー膝」と呼ばれ、ジャンプすることが多い競技の選手に多いことが知られています。バスケットボール、バレーボール、陸上競技の跳躍種目などでは、まさにジャンプすることによって、このケガは発生します。

最近は、ランナーにも同じ症状を持つ人がしばしば見られるようになり、ランニングのトレーニングを行う多数のスポーツで、膝蓋腱炎が発生していることが知られてきました。ランニングで膝蓋腱炎が起こるのは、小さなジャンプと着地を繰り返すのと同じだからと考えられます。

発生機転 ジャンプと着地で負荷がかかる

バレーボールのアタッカーのように、高いジャンプを繰り返すことで発生するのが典型的です。膝を曲げて重心を下げたジャンプの準備動作では、膝蓋腱は張力を受けて引き伸ばされます。ジャンプの瞬間は、大腿四頭筋の短縮とともに膝関節が伸展し、膝蓋腱は元の長さに戻ります。着地の瞬間には、再び張力を受けて引き伸ばされます。

このように、強い張力を受けたり、引き伸ばされたりする結果、膝蓋腱に小さな損傷ができます（図1）。これが膝蓋腱炎の本体であると考えられています。

ランニングで発生する場合も、メカニズムは基本的に同じです。

症状 膝蓋骨の下側の痛みと腫れ

膝蓋腱炎の大部分では、膝蓋骨のすぐ下側に痛みと腫れが現れます。初期の段階では、運動時や運動後の痛みが主症状で、腫れは見られません。慢性化すると、腱の損傷に対する反応として、徐々に腫れが現れるようになります。痛みが強い場合には、運動後に膝を曲げる動作、立ち上がり、階段の上り下りなどが苦痛になります。

診断 痛む部位に一致した腫れや圧痛

痛みが起きるのは、膝蓋骨のすぐ下側か膝蓋腱の起始部です。その部位に一致した腫れや圧痛があることで、ほぼ診断はつきます。確定診断のためには、超音波検査やMRI（写真1）を行い、痛む部位に一致した膝蓋腱の病変があることを確認します。

治療 膝蓋腱への負荷を減らす

膝蓋腱炎の原因となるジャンプ動作などのトレーニングをできるだけ減らし、膝蓋腱をできるだけ安静に保ちます。多くの場合、大腿四頭筋の疲労による柔軟性低下が見られ、これが膝蓋腱にかかる張力を大きくしています。そこで、大腿四頭筋のストレッチングを十分に行うようにします。

運動中に膝蓋腱にかかる張力を弱めるために、テーピングやサポーター（写真2）の利用もすすめられます。膝蓋腱を中央部

で押さえ、さらに膝蓋骨の上側を押さえることで、大腿四頭筋の収縮力による膝蓋骨の引き上げを減らすようにします。

これらの治療でも痛みが取れない場合には、病変部に炎症止めを注射する治療が行われることがあります。ただし、この注射をたびたび行うことは、腱の強度を低下させ、腱の断裂の危険性を高めるためすすめられません。

膝蓋腱起始部の病変が大きく、骨棘（骨きょく の突出）が見られ、上記の治療で症状が改善しない場合には、手術が行われます。手術では、損傷を受けて変性した腱の組織や骨棘を取り除き、残った腱を縫い寄せます。手術後、スポーツへの復帰には、競技によって3〜6カ月を要します。

予防 大腿四頭筋のストレッチング

膝蓋腱に過度の張力がかかるのを避けます。大腿四頭筋が疲労して伸びが悪いときには、ジャンプやランニングを減らすことが、悪化するのを防ぐのに有効です。大腿四頭筋のストレッチングは、再発防止のためにも重要です。サポーターやテーピングは、膝蓋腱炎の経験がある選手や、膝蓋腱炎になりやすいポジションの選手が、予防として使用するといいでしょう。

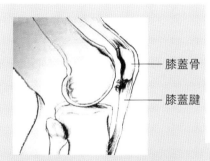

図1 膝蓋腱炎に見られる腱の損傷

- 膝蓋骨
- 膝蓋腱

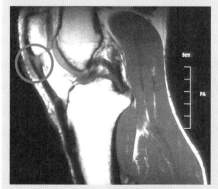

写真1 MRIで見た膝蓋腱炎

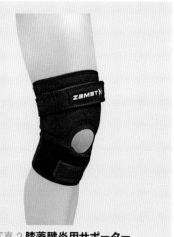

写真2 膝蓋腱炎用サポーター

8 鵞足炎

膝の周囲には筋肉につながる多くの腱があり、骨に付着しています。中でも膝の内側には、内側ハムストリングや内転筋の腱が集まっています（図1）。この部分に繰り返し負担がかかると、腱と骨がすれ合ったり、腱同士がすれ合ったりして炎症が発生します。腱が集まっている部分を後方から見ると鵞鳥の足に似ていることから、この部分の炎症を鵞足炎（がそくえん）と呼びます。

膝の周囲に発生する腱の損傷の中で、それほど頻度が高いわけではありませんが、スポーツの動作や脚の形と関連するケガとして再発予防を考えるべき損傷です。

発生機転 膝の外反と下腿の外旋

鵞足を構成する腱は、膝の曲げ伸ばしに伴って、膝関節の外反（膝が内側に入る）動作や、下腿の外旋（膝から下を外にひねる）動作をしたときに、腱の摩擦が増加します。走りながらの方向転換では、このような動作が行われます。

通常のランニングにおいても、膝が外反し、下腿が外旋する動きが繰り返されるランナーでは、この損傷が起こります。また、水泳の平泳ぎのキックは、この損傷を起こす典型的な動作として知られています（図2）。

症状 膝の内側が痛む

膝の内側から後ろ側にかけての痛み、特に運動したときに起こる痛みが特徴です。引っかかるような、すれるような痛みを感じます。膝の内側に腫れが見られることもあります。炎症が悪化して強くなると、膝を伸びた位置から曲げようとすると、切れるような痛みを感じることもあります。

診断 痛みの起こる部位と動作で診断

痛みの発生する部位、痛みの発生する動作で、ほぼ診断がつきます。

腱と骨とのすれ合いで起こる場合には、X脚が原因であったり、脛骨の内側にある骨の突出が原因であったりします。レントゲン撮影を受けておくとよいでしょう。炎症の範囲を特定すべきときや、他の損傷との正確な鑑別が必要なときには、MRI検

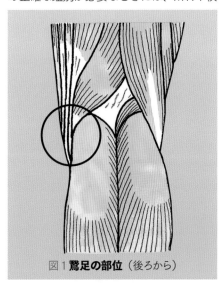

図1 **鵞足の部位**（後ろから）

査をします。

　原因となる動作を減らし、膝の安静をはかります。運動時以外に痛みがなく、運動の初期にも痛まない場合は、痛みが出たら運動を中止して、アイシングを行います。ハムストリングの疲労も原因になるので、ストレッチングで柔軟性を回復させます。

　これらのケアで改善が見られない場合には、炎症止めの薬剤によるブロック注射を行います。痛みや腫れの強い腱や腱鞘に沿って薬剤を注入します。

　脛骨の内側の骨の突出（良性腫瘍のことがある）が原因の場合、手術で突出した骨を取り除くこともあります。

予防 **ハムストリングのストレッチ**

　ハムストリングが疲労で硬くならないように、ストレッチングで柔軟性を保ちます。X脚の人は、膝が内側に入りすぎないように、股関節周囲の筋力の強化が必要です。

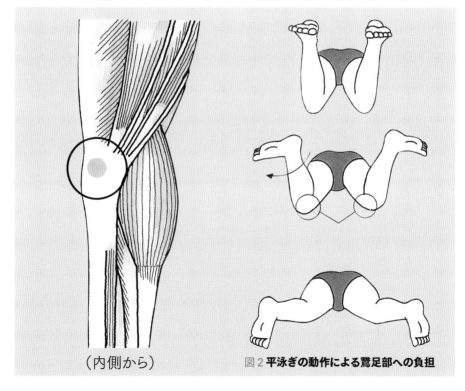

（内側から）

図2 **平泳ぎの動作による鵞足部への負担**

第2章 臨床編 運動器の障害

133

9 腸脛靭帯炎

腸脛靭帯は大腿部の外側を覆う幅広い膜状の組織です。靭帯という名前がついていますが、実は筋肉につながる腱です。つながっている筋肉は大腿筋膜張筋で、骨盤の側方のやや前方に位置しています（図1）。大転子付近から下はすべて腱なので、筋肉の長さの割に、腱が非常に長い特殊な形をしています。

腸脛靭帯炎は摩擦によって起こり、痛みが発生する部位が2カ所あります。1つは膝で、もう1つは大転子部です。いずれもランニングのような繰り返し動作により、骨と腱がすれ合い、摩擦によって腱が炎症を起こします。大転子部に比べ、膝での発生が圧倒的に多いため、腸脛靭帯炎といえばふつうは膝の炎症を指します。もっとも、炎症を起こすのは腸脛靭帯そのものではなく、その裏側にある滑液包という組織です。

発生機転 膝の曲げ伸ばしですれる

腸脛靭帯は脛骨に付着しています。そのため、膝の屈伸に伴い、大腿骨下端にある外側上顆（突出した部分）との位置関係が変化します。膝を曲げているとき、腸脛靭帯は外側上顆のやや後方に位置しますが、膝を伸ばすときに外側上顆の前方に移動します。つまり、膝を曲げ伸ばすとき、腸脛靭帯は突出した骨と衝突や摩擦を繰り返し、炎症を発生させます（図2）。

腸脛靭帯炎は大部分がランニングによって起こります。そのため、陸上競技の長距離選手、市民ランナーなどによく見られます。O脚の選手や足の外側で体重を受ける選手に発生しやすいといわれています。

症状 膝を伸ばすときに痛む

ランニング中の接地脚が、曲がった状態

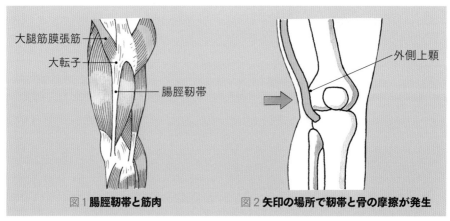

図1 腸脛靭帯と筋肉　　　図2 矢印の場所で靭帯と骨の摩擦が発生

大腿筋膜張筋
大転子
腸脛靭帯
外側上顆

から伸展されていくとき、膝の外側に痛みやきしみを感じます。ランニング以外では、ウエイトトレーニングでスクワットなどの際に、同様の痛みを生じることがあります。自転車ではあまり痛みは出ないようです。

診断 **痛みの誘発テストも行われる**

　膝の外側が痛むことと、ランニング時に痛みが発生することから、ほとんどは診断がつきます。確定診断のためには、グラスピングテストという痛みの誘発テストを行います。外側上顆のすぐ上の位置で腸脛靭帯を圧迫し、そのままの状態で膝を屈曲位から伸展させていきます。腸脛靭帯炎であれば痛みが誘発されます。

　画像検査ではMRIで外側上顆の炎症変化を調べますが、症状の割に画像に変化が現れにくく、あまり有用ではありません。

治療 **ランニングを減らしアイシング**

　繰り返される摩擦で起きるので、原因となる動作をある程度控えます。具体的には、ランニングの量を痛みの出ない範囲まで減らすか、ランニング以外のトレーニングに変更します。

　走ったあとに痛む程度であれば、患部に対するアイシングをきちんと行います。また、大腿部の筋肉が疲労していると、腸脛靭帯の摩擦を強くするので、大腿四頭筋や腸脛靭帯のストレッチング（図3）が重要

です。腸脛靭帯に加わる負荷を減らすため、足の外側（小指側）を持ち上げるような足底板も用いられます。

　以上の方法で痛みが取れず、長期化する場合には、患部に麻酔薬と抗炎症薬を注射するブロック注射が行われます。それでも効果がない場合には、衝突する部分を切除したり、腱の緊張を緩めたりする手術が行われます。

予防 **トレーニング量を適正に管理**

　典型的なオーバーユース（使いすぎ）による障害なので、トレーニング量と疲労をしっかり管理します。大腿部や臀部の外側に筋肉の張りを感じたら、トレーニング量を減らし、ストレッチングを行って、柔軟性を回復させます。再発予防には足底板が用いられています。

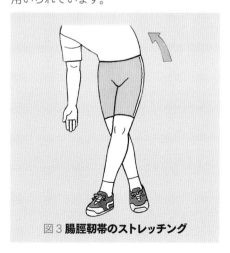

図3 腸脛靭帯のストレッチング

10 オスグッド病

成長期の骨格には成長軟骨が存在するため、成長軟骨に関係した特有のケガが発生します。オスグッド病はその代表的なもので、スポーツをする少年によく発生します。

脛骨の成長軟骨は膝関節の直下から前下方に伸びています（写真1）。膝蓋腱付着部はちょうど前下方に伸びた部分にあり、ここが引っ張られることで痛みや変形を生じるのがオスグッド病です。

発生機転 骨が伸びて筋肉の張力が高まる

膝蓋腱を介して大腿四頭筋の張力が作用し、膝蓋腱付着部の骨が引っ張られることが原因になります。その結果、成長軟骨が裂けて持ち上がるのです。

成長期には骨の長さが伸びるので、筋肉は相対的に短くなります。そのため筋肉の柔軟性が失われて張力は高まり、この状態で運動の負荷が加わると、最も弱い部分である成長軟骨部に裂け目ができるのです。

成長に伴う大腿四頭筋やハムストリングの柔軟性低下が直接の原因となるので、ある年代にだけ発生します。また、成長軟骨が完全に骨になってしまえば、オスグッド病は発生しません。

症状 運動時に膝の前下方が痛む

運動するときに膝の前下方にある膝蓋腱付着部が痛みます。また、その部分に腫れや突出（写真2）が見られます。まれに、骨端核が完全に剥がれる裂離骨折となることがあり、この場合には非常に強い痛みが起き、歩行困難となります。

成長軟骨が完全になくなり、大人の骨格になれば、進行することはありません。ただし、分離した骨のかけらが残ると、その部分に痛みや炎症が起こることがあります。

診断 レントゲンで骨端核を調べる

多くは小学校高学年から中学生に発生するので、年齢と典型的な症状や変形によっ

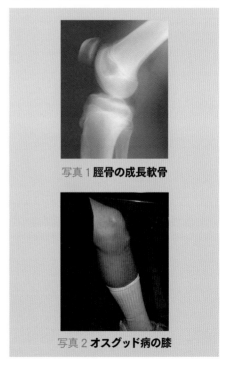

写真1 **脛骨の成長軟骨**

写真2 **オスグッド病の膝**

て容易に診断できます。レントゲン撮影では、骨端核が持ち上がっている状態や、分離が起きているかどうかを確認します（写真3）。

年少の子どもで骨端核も軟骨の場合、レントゲン撮影では骨端核が持ち上がっているかどうかが見えません。このような場合には、超音波検査やMRI検査が行われることがあります。オスグッド病が発生するような負荷を受けていると、骨端核の骨化が遅れる傾向があります。

治療 アイシングと患部の圧迫

オスグッド病と思われる痛みが起きたらアイシングをして、患部や膝蓋腱を包帯や

テーピングで圧迫します。膝を曲げて体重をかけると痛みが強まるので、膝を伸ばした状態で包帯固定することもあります。

骨端核の持ち上がりを大きくしないように、膝蓋腱を押さえる専用のサポーターを使います（写真4）。ただし、いったん持ち上がった骨端核は元には戻りません。

予防 運動の前後にストレッチング

筋肉の柔軟性が低下するのを防ぐため、運動の前後にストレッチングを行うことが予防に役立つと考えられています。大腿四頭筋、ハムストリング、臀筋など、大腿部から骨盤にかけてのストレッチングを行います。

腫れや持ち上がりがなくても、痛みがある場合には予防的にサポーターを使用することがすすめられます。

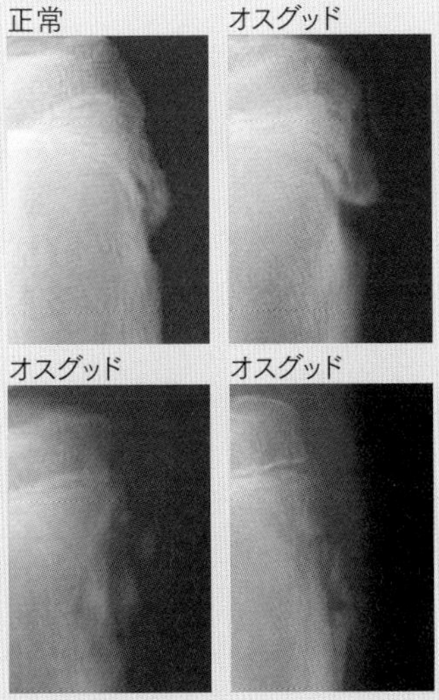

写真3 正常な膝とオスグッド病の膝

正常　オスグッド
オスグッド　オスグッド

写真4 膝蓋腱を押さえるサポーター

‖ 離断性骨軟骨炎

膝関節の骨の表面を覆っている関節軟骨の厚さは、成人で3㎜ほどあり、他の関節より厚くなっています。

子どもでは、成人に比べてさらに厚くなっています。

この関節軟骨と、その下層にある骨の一部が、一体となって剥がれることがあります。これが離断性骨軟骨炎で、子どもの膝関節に発生します（写真1、2）。

母床から完全に剥がれ落ちてしまった場合には、それが関節の中を移動することになります。これを関節内遊離体、あるいは関節ねずみと呼んでいます。

離断性骨軟骨炎は、スポーツとはまったく関係なく起こることもあります。ある種の内分泌の病気と関連して発生するという報告もあります。

また、スポーツをする子どもに発生する場合も、原因がはっきりしないことがあります。

発生機転 関節に加わる衝撃が原因

関節表面の軟骨に、スポーツ動作による衝撃が加わって発生する可能性が考えられます。ただ、血行障害や骨壊死などによって離断に至るメカニズムは、まだ十分にはわかっていません。

このケガが発生する子どもが行っているスポーツとしては、ジャンプ、着地、急停止など、膝関節に衝撃の加わる動作が多いスポーツがあげられます。こうしたことからも、関節への衝撃がなんらかの原因になっていると思われます。

症状 関節の腫れ、水腫、熱感

母床と離れていないような初期の状態では、特異的な症状はありません。中学生以下で、原因のはっきりしない関節炎（関節の腫れ、水腫、熱感）が起きているときには、このケガがかなり含まれていると考え

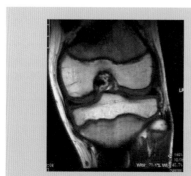

写真1 **離断性骨軟骨炎**（MRI）

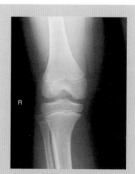

写真2 **離断性骨軟骨炎**（X線）

られます。母床から離れて関節内遊離体になっている場合には、運動などで膝の関節の角度が変化していると、さまざまなところにはさまり、急に関節が動かなくなることがあります。このような状態をロッキングといいます。

診断 MRIなら初期でも異常が判明

成長期までの年代で原因不明の関節炎が起きている場合には、このケガを疑い、画像検査を行います。

レントゲン撮影では、初期の場合だと、骨の部分的な色調変化程度しかわかりません。MRIでは、たとえ初期であっても、病変やその周りの組織の色調が変化しているのがわかります（写真3）。

治療 癒合しなければ手術もある

母床から離れていない初期の段階であれば、衝撃の加わる動作を中止し、経過を観察します。関節部の骨の成長に伴い、病変部が癒合すればスポーツを再開することができます。

癒合しない場合（写真4）には、病変部の下層の骨に小さな穴を開けて血行を促す「ドリリング」、病変部を取り除く「摘出」、大きな病変部をその周囲を含めて取り除いて骨と軟骨を移植する「骨軟骨移植」などの治療方法があります。年齢（骨格成熟の程度）や病変の大きさに応じて治療法を選択します。

予防 予防は困難なので早期に発見

発生原因が十分にわかっていないため、予防は難しいのが現状です。そこで、早期に発見するため、関節に水がたまる関節水腫などの症状があった場合には、軽視せず、きちんと検査を受けることが大切です。異常があった場合には、進行させないように運動の制限を守ることが大切です。

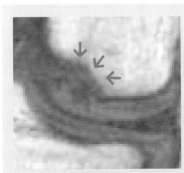

写真3 初期病変と色調の変化

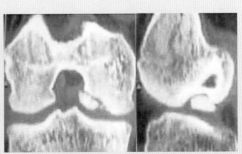

写真4 癒合せず進行した病変

≪10 下腿の障害

┃脛骨疾走型疲労骨折

脛骨の後方の骨皮質に発生する疾走型疲労骨折は、全身に起こる疲労骨折の中で最も多いものです。年齢では16歳（高校1年生）に最も多く起きていますが、発生する年齢層は非常に幅広くなっています。

脛骨の膝に近い1/3部位や、足関節に近い1/3部位に多いといわれていましたが、実際にたくさんの疲労骨折を検討してみると、特にどこに多く発生するということはありません。どこにも起こり得ると考えるほうがよいでしょう。

発生機転 着地時に生じる圧縮力が原因

脛骨の骨幹部は、わずかに前方にふくらんだカーブを描いています。このような形の骨に上下から負荷がかかると、骨はカーブを強める方向にたわみます。その結果、脛骨の後ろ側には圧縮する力が加わります（図1）。ランニング動作では、着地のたびに圧縮力が加わり続ける結果、脛骨後方の骨皮質に小さな損傷ができます。これが疾走型疲労骨折です。

したがって、この障害は長距離ランナーに最も多く、それ以外のスポーツでも、基本的に走ることが原因となって発生します。

オーバーユース（使いすぎ）を原因とする障害なので、ランニング量が増加したとき、ふだんよりスピードを上げて走ったとき、坂道のランニングなどで負荷が大きくなったときなどに起こりやすくなります。

骨密度も発生に関係していて、骨密度が低い選手は疲労骨折を繰り返す傾向があります。

症状 すねの内側から後方が痛む

走っているときに、すねの内側から後方にかけて痛むのが初期症状です。やがて、痛む部分に腫れや隆起が現れてきます。

シンスプリント（P144）でも似た位置に痛みが起こりますが、疲労骨折による痛みは痛む部位が限定しており、上下にそれほど広がりません。

診断 レントゲン撮影で確定診断

運動時に脛骨の後方に痛みがあり、圧痛が比較的狭い範囲にある場合には、脛骨疾走型疲労骨折を第一に疑います。

確定診断のためには、レントゲン撮影を行います。通常は前後と側面の2方向から撮影し、その画像で診断します（写真1）。ただし、中には斜め方向から撮影しないとはっきりしない場合もあります。腫れや痛みがあるにもかかわらず、2方向の撮影で異常が見つからない場合には、斜めからの撮影を追加します。

治るときには骨皮質が肥厚します（写真2）。過去に脛骨の疲労骨折を繰り返している選手では、脛骨の後方に多数の骨皮質の肥厚が見られ、新しい病変がどれなのか判

断に迷うこともあります。

治療　トレーニング量を減らす

　基本的にはトレーニング量の制限で治ります。治癒までの期間は、通常は1〜2カ月間です。痛みを我慢してトレーニング量を減らさないでいると、治癒までの期間が長引くことがあり、前方まで亀裂が広がってしまうこともあります。

　疲労骨折している部分を中心に、ふくらはぎの筋肉をサポーターで包むようにすることや、衝撃吸収の足底板をシューズに入れることで、痛みが軽くなり、治癒の促進が期待できます。

予防　骨密度が低ければ食事に注意

　身体要因、環境要因、トレーニング要因などを考え、自分にとって疲労骨折の予防に何が重要かを考えます。

　骨密度が低い選手は、カルシウムやたんぱく質などの栄養を十分に摂取することが必要です。足の衝撃吸収に問題がある選手は、シューズの選択や足底板により、着地衝撃を弱めるようにします。

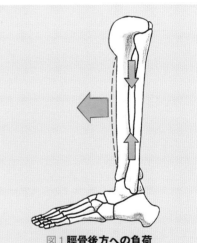

図1 脛骨後方への負荷

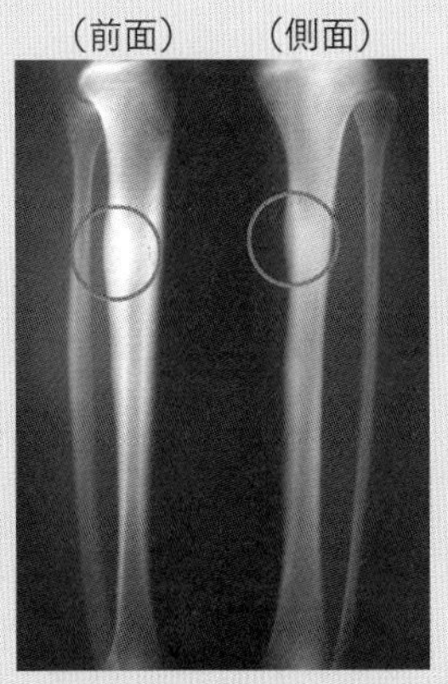

写真1 通常の2方向のレントゲン像
（前面）　（側面）

写真2 仮骨が十分に骨化した状態

2 脛骨跳躍型疲労骨折

脛骨に発生する疲労骨折ですが、疾走型が脛骨の後方に起こるのに対して、跳躍型（ちょうやくがた）は脛骨前方の骨皮質に発生します。

脛骨はわずかに前方にふくらんだカーブを描いているため、上下からの負荷を受けると、脛骨の前方は骨がたわむことによって張力を受けます（図1）。つまり、骨の組織としては、引き裂かれるような負荷を受けることになるのです。そのため、疲労骨折を起こした部位の癒合が進まず、治療に難渋することがあります。

発生機転 ジャンプを繰り返す競技で起こる

跳躍型という名前の通り、ジャンプや着地動作を反復して行うスポーツで発生します。陸上競技（走幅跳、三段跳、走高跳、棒高跳、ハードル）、体操、新体操、バスケットボール、バレーボールなどです。

珍しい例としては、重量挙げの選手に跳躍型疲労骨折が発生したことがあります。重いバーベルを反動をつけて持ち上げようとするとき、ジャンプしたり着地したりするのと同様の負荷が、脛骨に加わっているのだと考えられます。

症状 脛骨前方の中央付近が痛む

主な症状は、運動時に起こる脛骨の前方の痛みです。安静にしているときや軽い運動では、ほとんどの場合、痛みは出ません。患部に腫れや骨の隆起が感じられることも

あります。

診断 レントゲン撮影で診断

基本的には下腿のレントゲン撮影を行います（写真1）。側方向からの画像で、脛骨の前方骨皮質に直角に交わる方向に線状の骨吸収が見られれば確実です。多くの例では、前方骨皮質は全体的に肥厚しています。最も張力を受けると考えられる脛骨の中央付近に、線状の骨吸収が1カ所、ときに数カ所見られます。

レントゲン撮影で骨吸収が見られなくても、MRI検査で明らかになることがあります。

長期化して進行している場合には、偽関節のようなくちばし状の骨隆起を生じるため、レントゲン撮影で容易に確認できます。

治療 低出力超音波骨刺激装置が効果

初期のわずかな変化だけなら、原則として保存療法が行われます。痛みを生じる動作を中止し、ジャンプと着地は禁止します。比較的初期の病変でも、数カ月の運動制限では治らないことがあります。

骨形成を促進する方法として、最近は低出力超音波骨刺激装置（写真2）が用いられています。従来は難治性骨折の偽関節例に用いられていた治療法ですが、難治性の疲労骨折の治療にも効果が期待されています。

そして、長期化して偽関節になってしまった場合には、手術が行われることになります。従来は、患部の周囲に細かい穴を開けるドリリング法、患部を削り取って骨盤の骨を移植する骨移植法などが行われていましたが、治療成績はあまりよくありませんでした。

最近では、脛骨の骨折の治療で使われてきた髄内釘（写真3）が主流になっていま す。従来の手術に比べて癒合率が高く、再発が少ないことが明らかになったためです。

予防 着地衝撃を吸収する

再発予防としては、ジャンプして着地する際に、膝や股関節を十分に曲げ、衝撃を吸収するような動作を習得することが必要でしょう。

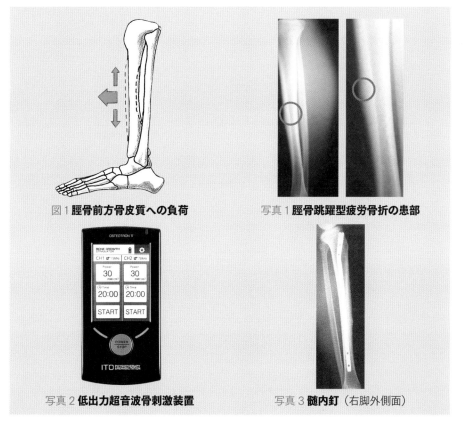

図1 脛骨前方骨皮質への負荷

写真1 脛骨跳躍型疲労骨折の患部

写真2 低出力超音波骨刺激装置

写真3 髄内釘（右脚外側面）

3 シンスプリント

シンスプリントはスポーツの現場では非常に多く見られる慢性のスポーツ障害ですが、必ずしも正しく理解されていません。本書では、「脛骨の内側後縁の下から1/2から1/3の範囲に痛みを有する慢性障害」と定義します。すねの内側が痛む障害で、痛む範囲もほぼ決まっています（図1）。また、下腿三頭筋を覆う筋膜と、脛骨の骨膜との連結部付近の損傷が、シンスプリントの本態であると思われます。高校1年生に多い、トレーニング初期の春先に多い、再発も多いという特徴があります。シンスプリントと脛骨の疲労骨折は、類似したケガ、あるいは同じケガだと誤解されていることがよくあります。

発生機転 土踏まずが下がることで起こる

下腿三頭筋の筋膜と、脛骨の骨膜との連結部は、繰り返し張力を受けることで炎症を起こします（図2）。具体的には、ランニング、ストップと方向転換、切り返し動作などが原因となります。ジャンプや着地も同様の負荷をかけると考えられます。

これらの動作の中で、特に土踏まずが下がるような動き（回内）が、筋膜の張力を高めます。足のアーチが低い扁平足の選手にシンスプリントが多いのも、回内の影響だと思われます。

さらに、下腿三頭筋が疲労すると、柔軟性が低下して、筋膜の張力がより高くなる

と推測できます。

症状 すねの内側が痛む

運動したときにすねの内側が痛むのが主症状です。安静にしているときや、日常生活動作では通常は痛みませんが、圧迫が加わることで痛むことはあります。

診断 疲労骨折との鑑別が大切

脛骨疾走型疲労骨折と似た症状のため、鑑別診断が大切です。痛みの範囲が広く、局在しないのがシンスプリントの特徴です。

ただし、疲労骨折では、仮骨をあまり作らずに治癒することがあるため、レントゲン撮影で骨皮質に仮骨が見られないようでも、疲労骨折を否定はできません。

最近はMRIがしばしば使われています（写真1）。シンスプリントの場合には、筋膜と骨膜の移行部から内側の骨膜に炎症像が見られることが多く、病態と一致する変化と考えられます。

治療 運動でかかる負荷を減らす

慢性経過のオーバーユースによる障害なので、基本的には運動による負荷を減らすことが治療になります。下腿三頭筋の張力を減らすために、ふくらはぎのサポーターを使用するのも1つの方法です。

足の回内を減らすためにテーピングや足底板を用いるのは、治療としても有効です

（写真2、3）。今までなら痛みのあった動作でも、動きを変えることで痛みが軽減し、パフォーマンスの向上を期待できます。

予防 回内の防止と足首の柔軟性

　シンスプリントの原因となる身体要因を検討した研究では、足の回内が大きいこと、足関節の動き（底屈・背屈）が小さいことがわかっています。そこで、シンスプリントを繰り返す選手には、回内を防ぐテーピングや足底板を使用するのが有効と思われます。また、足関節の動きの少ない選手では、ストレッチングなどで可動域を広げることが有効と考えられます。

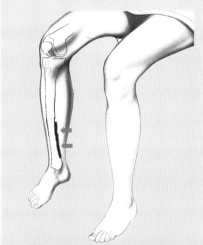

図1 **シンスプリントで痛む部位**

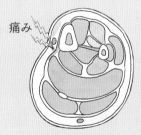

図2 **痛みが起こるメカニズム**

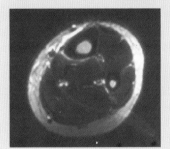

写真1 **シンスプリントのMRI**

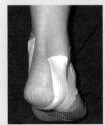

写真2 **回内を防止するテーピング**

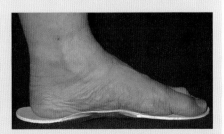

写真3 **回内防止用足底板**

4 コンパートメント症候群

下腿には、脛骨と腓骨という2本の骨が内部に存在し、その周りを、筋膜に囲まれた筋肉のグループが取り巻く構造になっていて、図1のように、いくつかの区画（コンパートメント）に分けられています。このため、打撲などで内出血を起こしたり、疲労などで筋肉が腫れたりすると、区画の中の圧力（内圧）が高くなってしまい、さまざまな症状を起こします。これをコンパートメント症候群といいます。

発生機転 コンパートメントの内圧上昇で発生

慢性と急性があり、前方コンパートメントに発生する例が最も多く見られます。

運動負荷が加わり筋肉が疲労すると、筋肉が腫れて、体積が大きくなります。この状態でさらに運動が続き筋肉の収縮や関節の動きが起こると、筋肉の内圧が高くなります。内圧が筋肉の中にある毛細血管の圧力（20～30mmHg）を超えてしまうと、血液が毛細血管を流れることができなくなるため、筋線維は血液不足に陥ってしまいます。例えば、前方コンパートメントでは足関節を底屈（つま先を伸ばす）させた状態で筋肉が収縮すると、最も内圧が高くなります。慢性コンパートメント症候群はこのようなメカニズムで発生します。

一方、急性コンパートメント症候群は、打撲で筋肉の中に出血が起こったり、筋肉自体が打撲で大きく腫れ上がったりすることで、急激に内圧が高まることによって発生します。内圧の上がり方は慢性コンパートメント症候群に比べて高く、激烈な症状が出ます。ときには短時間で筋線維の壊死すら起こるほどです。

症状 特徴は締めつけられるような痛み

慢性コンパートメント症候群は、運動中にコンパートメントの場所に一致した筋肉痛、特に締めつけられるような痛みが特徴です。ちょうど血圧計のマンシェットを長時間巻いて血流を止めたときの痛みと同じです。運動を中断すると痛みは徐々に軽減し、安静時には特に異常は感じられません。しかし、長期化すると、コンパートメントを通過する神経の圧迫症状（前方コンパートメントの場合では足や背のしびれ、知覚低下）や脱力などが現れます。

急性コンパートメント症候群では激しい痛みが起こり、コンパートメント内の筋肉を動かせないほどの苦痛が発生します。

診断 内圧を測定して診断

慢性コンパートメント症候群では安静時に特有の兆候がないため、症状が起きる状況の問診や運動負荷による再現などで診断します。また、確定診断にはコンパートメントの内圧を測定（写真1）します。前方コンパートメントの筋肉を収縮させたときに70mmHg以上の数値が出た場合は、内

圧が高くなっていると考えます。

急性のコンパートメント症候群は、経過と症状でほぼ診断がつきますが、最終的には内圧を測定し、明らかな内圧上昇があれば確定します。

治療 慢性は筋疲労をとる、急性では筋膜切開を

慢性コンパートメント症候群の場合は、運動量を制限して、筋肉の疲労をとることで症状がなくなることを待ちます。運動再開ですぐに症状が再び起きるようであれば、安静のみでの改善は難しいといえるでしょう。接地時の足の動きを変える足底板を使用することで、動作中の筋活動を減らすなどして様子を見ます。

慢性化してしまい、症状が改善しない場合は、コンパートメント内圧を下げるために筋膜切開の手術を行います。コンパートメントの壁となっている筋膜に切れ目を入れ、筋肉が膨らむ余裕を作るのです。マラソンの選手の中には、この手術で復帰できた選手もかなりいます。

急性コンパートメント症候群では、内圧によって筋線維の壊死が進むため、診断確定後は速やかに筋膜切開を行います。圧力が高い場合は、筋膜だけでなく、その表層の皮膚も切開しなければならないこともあります。こうした治療が遅くなると、筋線維の壊死が広範囲となり、永続的な後遺症が残ってしまいます。

予防 内圧上昇に配慮した疲労管理

コンパートメント症候群を起こしやすい身体要因については、まだ十分にわかっていません。そのため、予防といえる対策はありません。内圧上昇を思わせるような症状に注意して、疲労管理を行っていくことが大切でしょう。

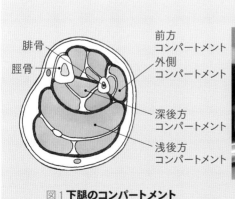

腓骨
脛骨
前方コンパートメント
外側コンパートメント
深後方コンパートメント
浅後方コンパートメント

図1 **下腿のコンパートメント**

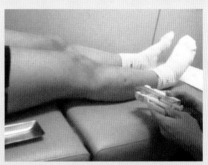

写真1 **コンパートメント内圧の測定**

5 テニスレッグ

肉ばなれは、すでに解説（P112）したように、大腿部に最も多く起こりますが、その次に多く生じる部位がふくらはぎです。

ふくらはぎの筋肉は、ヒラメ筋と腓腹筋（ひふくきん）で構成（これらをまとめて下腿三頭筋と呼ぶ）されています。そのうち、深層にあるヒラメ筋を覆うようにして位置する腓腹筋は、膝関節と足関節という2つの関節を越えて、大腿骨からかかとの骨に付着しています。肉ばなれを起こしやすい特徴を持っている筋肉です。

テニスのプレー時にしばしば発生することから、昔から腓腹筋の肉ばなれは、テニスレッグと呼ばれていました。つまり、ここで紹介するテニスレッグは、腓腹筋の肉ばなれを意味します（図1）。

発生機転 腓腹筋の強い伸長性収縮時に起きる

アキレス腱断裂（P152）と類似した点が多いのですが、足関節を背屈した状態で重心を前方に移動させて地面を蹴ろうとすると、腓腹筋には伸長性収縮（筋肉が伸ばされながら力を発揮する）が起こります。この時点で膝が伸ばされる動きが同期すると、腓腹筋の張力は非常に高くなります。テニスレッグが起きるのは、こんなときです。

テニス、バドミントン、剣道など、類似した動きで腓腹筋損傷が発生します。そのほか、サッカー、ラグビー、アメリカンフットボールなど方向転換を伴う動きでも、同じようなメカニズムで腓腹筋損傷が発生します。

図1 **テニスサーブの動き**（重心移動が生じるBからCの際に肉ばなれを起こしやすい）

症状 急激な痛みが突然起きる

ほかの部位の肉ばなれと同じように、動作中に急激な痛みが発生し、プレーの続行が不可能になります。ときには筋肉がつったような状態が起こることもあります。

また、腓腹筋は、起立して、歩行する際に必ず使う筋肉です。このため、日常の生活動作においても痛みを感じることになります。

診断 確定診断は画像検査で

症状発生の経過や痛みの部位から、ほとんどの場合は診断がつきます。確定診断するには、超音波やMRIなどの画像検査で確かめることになります（写真1）。

治療 カーフレイズを 専門練習再開の目安に

現場ではまずアイシングと圧迫をします。損傷の程度によりますが、1～2週間の圧迫ののち、徐々にストレッチングを行い、2週間後頃よりジョギングを再開します。

最終的には、段差を使ってかかとが水平より下がる位置まで支える伸張性筋力トレーニング（カーフレイズ、図2）ができるようになったら、競技の専門トレーニングを再開するようにするとよいでしょう。スプリントが可能な完全復帰までには、1カ月くらいかかります。

予防 腓腹筋のストレッチを

テニスレッグの予防で留意すべき点は、肉ばなれの項目で紹介した内容（P113）と同じです。日常のトレーニングでは、ウォーミングアップと、準備運動としての腓腹筋のストレッチングを十分に行うようにしましょう。

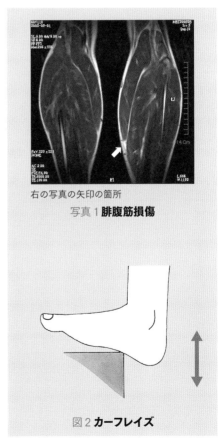

右の写真の矢印の箇所
写真1 腓腹筋損傷

図2 カーフレイズ

6 アキレス腱炎、腱周囲炎

アキレス腱のトラブルはあらゆるスポーツのランニング動作やさまざまなフットワークで発生する重要な問題です。

アキレス腱は、ふくらはぎの腓腹筋とその深層にあるヒラメ筋（両者を合わせて下腿三頭筋と呼びます）の腱が合わさってできていて、人体の中でも最大の腱といえます。通常、腱の周囲は腱鞘という鞘で包まれ、なめらかに動くようになっていますが、アキレス腱には腱鞘はなく、パラテノンという膜で包まれています。

アキレス腱の障害は大きく分けて、腱鞘炎と同様にパラテノンにおこるアキレス腱周囲炎、腱そのものに炎症が発生するアキレス腱炎、アキレス腱とかかとの骨との摩擦や衝突を緩和する滑液包に起こるアキレス腱付着部炎（P176）の3つです。ここでは前者の2つを解説します。

発生機転 アキレス腱と周囲との摩擦が原因

ランニング時に着地から蹴り出しまでの足関節部を後ろから見ると、写真1のように、まず、かかとの外側で接地したときにアキレス腱の外側が緊張し（写真左）、その後、足全体に体重が乗り、土踏まずが下がる（回内）ときにはアキレス腱の内側が緊張します（写真右）。

この動きの反復でアキレス腱とその周囲との摩擦が起こります。

摩擦の結果、パラテノンの壁を作っている滑膜細胞層が腫れたり、滑液をたくさん分泌したりという腱鞘炎と、同様の変化が起こります。この変化がアキレス腱周囲炎です。

一方、アキレス腱に強い張力がかかり、腱の線維に小さな断裂が生じると、腱の内部に炎症やそれに伴う腫れが起こります。小さな断裂は線維そのものの横方向の断裂のこともあれば、線維が縦方向に裂ける形で起こることもあるようです。結果として、腱の内部にしこりのような盛り上がりを作ることになります。

症状 体が温まると痛みが薄れる

特に運動開始時に痛みがあり、体が温まるとともに痛みは薄れます。しかし、速い動きや強い力を出す動作では痛みが出ます。腱周囲炎では、すれるような、引っかかるような異和感もあります。

多くの場合、患部に腫れが見られます。

診断 触診で腱炎か周囲炎かを見分ける

触診により、アキレス腱の周囲の腫れだけなのか、腱そのものに腫れやしこりがあるかを確かめます。

足関節を動かしたときに、一緒にその腫れが動くようであれば、腱そのものに、逆に、足関節を動かさなくても移動させられるようであれば、腱周囲に異常があると考えられます。きちんと区別するには画像診断が必要です。超音波検査やMRIを行うことで明らかになります（写真2、3）。

_{治療} アキレス腱への負担を減らす

まずアキレス腱への負担を減らします。トレーニングの中止や制限（痛みが出ない動作に制限）、ウォーミングアップに時間をかける、トレーニング後のアイシングなどのほか、シューズのかかと部分を持ち上げ、アキレス腱の張力を減らすことも行われます。

これらの方法で改善しない腱周囲炎の場合には、腱の周囲への炎症止めの注射（ブロック注射）を行います。ただし、腱炎では腱の内部に注射を行うと、腱の強度を低下させるので、この方法はすすめられません。

慢性化して腱の動きが明らかに妨げられている腱周囲炎では、肥厚し癒着したパラテノンの切除を行うこともあります。

腱炎では、腱の内部に明らかにしこりがあり、動きを邪魔している場合にしこりを取り除くことがあります。このしこりは腱の部分断裂で生じることが多いようです。

なお、腱が全体的に太くなってしまう選手も見られますが、これは腱周囲炎や腱部分断裂の蓄積による変化と思われ、治療が難しいのが現状です。

_{予防} 回内足の選手は足底板を

アキレス腱の障害を起こしやすいとされる回内が強い足の選手は、足底板を使用して、回内を減らす試みが行われます。

また、下腿三頭筋の疲労の蓄積を避けること、柔軟性を維持することなどを意識するとよいでしょう。このほか、オーバーユース（使いすぎ）にならないようなトレーニング計画の立案を心がけます。

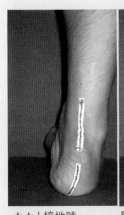

かかと接地時　　最大回内時
写真1 **アキレス腱の張力変化**

写真2 **アキレス腱周囲炎の超音波画像**

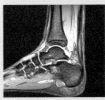

写真3 **アキレス腱炎の MRI**

1 アキレス腱断裂

アキレス腱は、私たちの体の中で最も太い腱です。このような太い腱であっても、スポーツ中の動作で切れることがしばしばあります。

アキレス腱断裂<ruby>腱断裂<rt>けんだんれつ</rt></ruby>を起こすのは、若いスポーツ選手と中高年のスポーツ愛好家です。特に後者では、テニスやいわゆる「ママさんバレーボール」に参加する女性に多く見られますが、男性でも同様に発生します。

腱の強度を超える張力が加わった結果断裂するので、強い張力が加わったか、腱の強度が落ちているかのどちらかが原因になります。若年のスポーツ選手でもアキレス腱炎を持っている場合に生じます。また、中高年においては、加齢により腱の強度が低下し、断裂を起こすと思われます。

発生機転　高い負荷がかかったときに発生

テニスやバレーボールのプレー中では、相手からのボールを打とうと、あるいはレシーブしようと、足を踏み出す瞬間に切れることが多いようです。

一方、若いスポーツ選手では全力疾走やジャンプの際など、より高い負荷がかかったときに切れる傾向があります。

症状　強打されたような感覚

断裂の瞬間は、アキレス腱を何かで強打されたような、蹴られたような感覚が起こ

るといいます。「パンッ」というような断裂音がすることもあります。

断裂直後は、あまり痛みはなく、切れたことに気づかない人もいるほどです。ただし、ふくらはぎを収縮させても足関節が底屈できないため、ぺたぺたとした歩行しかできなくなります。

診断　下腿三頭筋の力で底屈できるかどうか

アキレス腱の正常な緊張や輪郭がなく、下腿三頭筋の筋力で足関節の底屈ができなければ断裂と考えられます。

この診断方法は、トンプソンテストと呼ばれます。うつ伏せになって膝を曲げ、下腿三頭筋をつかむようにすると、アキレス腱断裂がない側の足では足関節が底屈されるのに対し、断裂した側の足では底屈が起こりません（図1）。

超音波やMRIなどの画像検査で、断裂を確認することができますが、通常は触診やトンプソンテストで十分に診断可能です。

治療　断裂したときの対応

切れたアキレス腱の断端が離れてしまう（図2・左）と治療上不利になるため、断裂が疑われる場合は、できるだけ離れないように足関節を底屈させた位置（図2・右）で固定します。ハイヒールを履いた状態を想像してもらえばよいでしょう。断端が接

触していれば、保存療法（一定期間、固定してつながるのを待つ治療法）でも治すことができます。

手術すべきかどうか？

　図３のように腱の断端が接触する位置で装具固定することで腱がつながり、日常生活は３カ月程度でほぼ元のように回復します。ただ、高強度の負荷が加わるスポーツ選手では、腱の長さが保たれるように正確に縫合する方が回復が良いという意見があります。

予防　十分な準備運動を

　運動の前にウォーミングアップ、下腿三頭筋やアキレス腱のストレッチングをきちんと行うことを効果的な予防策にあげることができます。また、アキレス腱の痛みや炎症が見られるときには、負荷の高い運動は避けるほうがよいでしょう。

　前項（P150）で述べたアキレス腱周囲炎や腱炎の治療で炎症止め（副腎皮質ステロイド）のブロック注射を頻回に行った結果、腱が弱くなってしまい、軽い負荷で断裂したという症例もあります。トレーニングの継続や試合に参加するために、何度も注射を打って、無理に競技を行うことは、アキレス腱断裂の危険が伴うことも知っておきましょう。

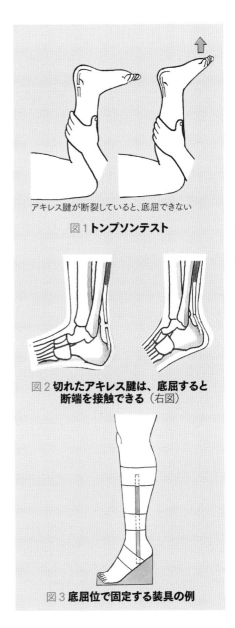

アキレス腱が断裂していると、底屈できない

図1 **トンプソンテスト**

図2 **切れたアキレス腱は、底屈すると断端を接触できる**（右図）

図3 **底屈位で固定する装具の例**

≪11 足関節の障害

靭帯損傷

足関節の捻挫は、あらゆるスポーツ場面でよく起こります。それゆえ"軽いケガ"と考えられがちで、処置が悪かったために、後遺症を残すことも少なくありません。

捻挫で実際に損傷を受ける組織には、靭帯や関節包、ときに骨や軟骨も含まれます。関節が動く限界（制動限界）を超えて起こるため、多くの場合は靭帯が損傷されます。その意味では「捻挫」を「靭帯損傷」といいかえても誤りではありません。

大半は内返し捻挫

大部分の靭帯損傷は足のつま先が内側を向き、甲が下を向く（内返し、または内反と呼ぶ）ようにして起こります。球技などで方向転換する動作や、ジャンプからの着地の際にほかの選手の足を踏んでしまったときなどに生じることが多いようです。

内返し捻挫では、主に足関節の外側の靭帯（前距腓靭帯、踵腓靭帯）が損傷されます（図1）。また、強い内返しの結果、内側で距骨と内くるぶしが衝突し、内側の側副靭帯も損傷します。さらに底屈によって、後突起の骨折（P156）を生じることもあります。

一方、ラグビーやアメリカンフットボールなどでは、他者に足関節の外側から乗られて、内返しと逆の方向（外反）に捻挫することがあります。これが外反捻挫で、脛腓靭帯の損傷が起こります（図1）。

**靭帯の周囲に疼痛。
ときには腫れや血腫も**

急性の症状としては、靭帯の周囲の疼痛があります。足関節の腫れや血腫を伴うこともあり、その場合は関節内の損傷を考えなければなりません。

強い内返しでは、内側の痛みや腫れを生じることもあります。また、後突起の損傷が起これば、後方（アキレス腱の奥のほう）の痛みも出ます。

処置が不十分だと、損傷された靭帯が緩み、制動機能が低下して捻挫が慢性化します。いわゆる「捻挫グセ」です。着地などの際に、足首の内返し方向と前後方向に不安定感が発生します。

重症度は3段階

その症状から、比較的簡単に診断できます。重症度は1度〜3度に分けられ、圧痛のみで不安定性がない場合を1度、軽度の不安定性がある場合を2度、著しい不安定性がある場合が3度と診断します。

腫れや不安定性が強いときは、レントゲン撮影でくるぶしや後突起の骨折がないことを確認します。この際、内返しや前方への負荷を加えた状態でのレントゲン撮影（ストレス撮影、写真1）も行われます。外反捻挫では、脛腓靭帯に圧痛があり、靭帯が断裂した場合は、レントゲン撮影で脛腓間の開大（脛骨と腓骨の間が開いてしまう

こと）が見られることもあります。また、より重度の場合には、内側の靱帯にも圧痛が見られます。

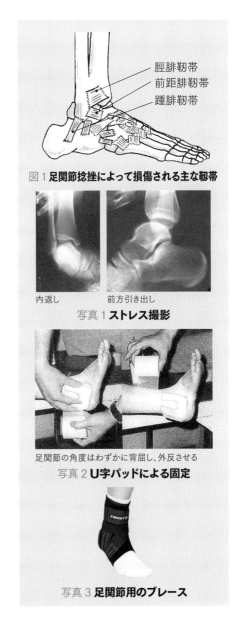

図1 **足関節捻挫によって損傷される主な靱帯**

脛腓靱帯
前距腓靱帯
踵腓靱帯

内返し　　前方引き出し
写真1 **ストレス撮影**

足関節の角度はわずかに背屈し、外反させる
写真2 **U字パッドによる固定**

写真3 **足関節用のブレース**

治療　アイシングののち固定を

現場での初期治療は、まずアイシングしたあと、靱帯をU字型のパッドで圧迫して固定します（写真2）。軽度の場合も、この固定をきちんと行いましょう。足関節の制動機能の低下を最小限にとどめることができるからです。これを怠ると「捻挫グセ」がついてしまいます。

重症度が3度で、制動機能が期待できないときには手術を実施します。断裂した靱帯は縫い寄せることができれば縫合しますが、何度も再発していると靱帯が弱まって縫合できず、靱帯再建が必要となります。

予防　足関節周囲の筋力を強化

捻挫を含む靱帯損傷は、不可抗力による受傷が多いため、完全に予防するのは困難ですが、予防トレーニングとして、足関節周囲の筋力強化や、重心を低くしたフットワークなどが考えられます。予防目的でテーピングや装具で固定する人もいますが、これは膝などほかの関節に余分な負担をかけてしまうためすすめられません。

再発を防ぐ手段としては、不安定性の程度に応じて、運動の際にテーピングやブレース（写真3）などの外固定を加えます。

2 後突起障害

足関節を構成する足側の骨である距骨には後方に突起が出ています（図1）。この突起（後突起）は足関節を底屈すると脛骨の下端の後方部分と衝突することがあります。突起の大きさには個人差があり、大きな突起は衝突を起こしやすいと考えられます。

そのため、捻挫をきっかけに後突起の痛みが発生する場合や、スポーツの動作で強い底屈を強制されて後突起に痛みが生じる場合があります。

後突起が距骨と分離して存在し、痛みを生じる場合に三角骨障害と呼ぶことがあります。生まれつき分離しているケース、捻挫に伴う骨折で分離したケース、2つの可能性が考えられます。

発生 急性は強い内返し
機転 捻挫の際に発生

足関節の底屈強制で距骨後突起と脛骨下端後方部分との衝突が起こることで、急性に、あるいは衝突の反復が慢性的に起こる過程（写真1）で痛みが発生します。

球技などで内返し捻挫をした際には、足関節の強い底屈も起こり、外側の靭帯損傷に伴って発生する例が多く見られます。発生初期には、損傷された靭帯の痛みのほうに目がいきがちとなるため、後突起の症状を見落としてしまうことがよくあります。

慢性的な経過で生じるのは、バレエやダ

ンス、新体操の例です。トウ立ちなど最大底屈位での動作が多いため、骨折がなくても痛みを出します。

症状 底屈時の痛み、挟まる感じ

主な症状は、足関節底屈時の後方の痛みや衝突感です。特に、ランニングやジャンプで地面を強く蹴ろうと底屈しようとするときに痛みで蹴ることができない、あるいは何かが挟まる（ぶつかる）感覚が生じる、などの訴えが見られます。

診断 底屈による痛みの有無で診断

底屈による痛みの発生の有無で診断できます。ただし、後突起は足関節後方の深い場所に存在するために、圧痛を確認しにくく、衝突を誘発する検査が必要になってきます。

同時に、足関節の不安定性に関する検査を行います。特に外側の靭帯損傷による不安定性が著しい場合には、底屈時に内返しが加わると後突起の衝突が誘発され、強い痛みが生じます。

足関節のレントゲン撮影では側面像で後突起の形状、骨折の有無を調べます。最大底屈位でのレントゲン撮影（写真2）を行って、衝突を確認することもあります。

治療 底屈の制限で衝突を回避

テーピングを用いて底屈を制限すること

によって衝突を防止すれば、痛みの発生を
減らすことができます。最大底屈を必要と
しないスポーツでは、この方法でしばらく
衝突を回避させることで、痛みが治まるこ
とがあります。

　衝突の回避で改善しない場合や、底屈を
制限すると競技の動作ができない場合に
は、後突起周囲に炎症止めを注入するブ
ロック注射を行います。ブロック注射に
よっても改善が見られない場合には、手術
によって突起の切除を行います。

予防 テーピングや装具で底屈を制限する

　捻挫による靭帯損傷の予防が難しいよう
に、後突起障害の予防も難しいのが現状で
す。少なくとも、靭帯損傷によって足関節
の不安定性が生じている場合には、後突起
の衝突の危険が大きいと考えて、テーピン
グや装具を用いて動きを制限をすべきで
しょう。

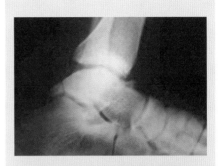
写真1 **捻挫反復例での後突起骨折**

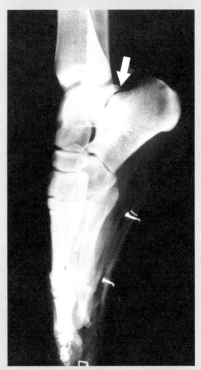
写真2 **最大底屈位のレントゲン画像**

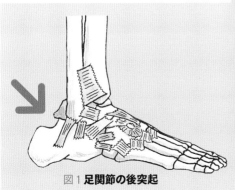
図1 **足関節の後突起**

3 脱臼骨折

足関節捻挫と同様のメカニズムで内返し（内反）や外反の負荷が加わったとき、その負荷の強さによっては、靭帯損傷にとどまらず、骨折や関節の脱臼が生じることがあります。

発生機転　負荷が加わった場合に重症化

足関節の強い内返し（内反）、あるいは外反が原因となります。特に本人の体重だけでなく、ほかの選手に乗られるなどの負荷も加わった場合に重症化します。

内反の負荷が加わったときには、内くるぶしの骨折と外側の靭帯損傷が起こり（図1の右）、外反の負荷が加わったときには外くるぶし（腓骨の少し上のこともある）の骨折と内側の靭帯損傷が起こる（図1の左、写真1）、と考えられます。

しかし、実際には受傷時のつま先の向きなどの条件によって、ケガの種類はもう少し多様となります。

症状　足関節部に著しい変形と強い痛み

受傷時には、「ボキッ」という骨折音がすることがしばしばあります。非常に強い痛みがあり、多くは痛みのために体重をかけることができなくなります。

足関節部の変形が著しい場合は、脱臼骨折を疑ったほうがよいでしょう（写真2）。この場合、すぐに病院でレントゲン検査を行うことをすすめます。

診断　レントゲン撮影で診断

どの骨が折れ、どの靭帯が損傷されているかは、病院での検査によって正確に診断します。2方向あるいは4方向からのレントゲン撮影により、骨折の程度や転位（骨の位置のずれが見られること）を確認します（写真3）。特に、外くるぶしの回旋方向のずれは2方向のレントゲン像だけで把握しにくいケースがありますので、疑わしい場合は詳しい検査を行います。

治療　手術と粘り強いリハビリ

骨折による転位が見られる場合は、手術を行うのが確実な治療法です（写真4）。正確な位置で骨が癒合しないと、足関節の不安定性や可動域の制限が残ってしまいます。

靭帯損傷も含めた大きな損傷においては、術後ある程度の可動域の制限が生じます。スポーツに復帰するための条件は、まず骨癒合と安定感の獲得となりますが、競技動作に必要な可動域を取り戻すことも必要条件となってきます。このためには、粘り強くリハビリテーションを行わなければなりません。

予防　予防は困難

運動中の不可抗力により発生することが多く、予防するのは難しいというのが実情です。

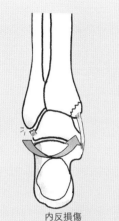

内反損傷   外反損傷

図1 **内反損傷と外反損傷**（右足）

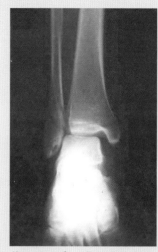

外くるぶしのずれが見られる

写真1 **外果の骨折と内側の靭帯損傷**（右足）

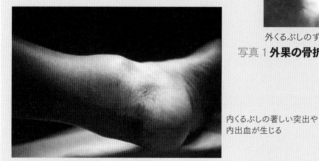

写真2 **脱臼骨折の外見**

内くるぶしの著しい突出や
内出血が生じる

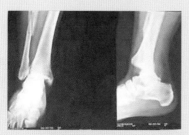

写真3 **腓骨骨折と内側の靭帯損傷**

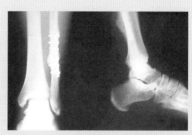

写真4 **手術による治療例**

4 フットボーラーズアンクル

サッカーやラグビー、アメリカンフットボールなど、フットボールと分類されるスポーツでは、急なストップや方向転換、接触プレーなどが原因で、足関節にさまざまな方向への負荷が加わります。こうした負荷の繰り返しの結果、足関節には特有の変化が起こります。これをフットボーラーズアンクルと表現します。

発生機転 負荷の繰り返しで痛みが

足関節への内反、外反、背屈、底屈が強制されることが原因と考えられます。もちろん、これらの動きによる負荷が大きければ骨折や靭帯損傷が起こりますが、大きな損傷が起こらない程度の負荷でも、繰り返されると、骨棘、裂離骨折などの小さなレントゲン画像上の変化を多数生じさせることになります。

症状 可動域の制限。つまる、ぶつかる感じ

足関節の可動域の制限、特に動作時につまる感じやぶつかる感じを持つようです。また、運動後足関節全体の腫れ（水腫や血腫）が見られることもあります。

診断 触診、あるいはレントゲンで

触診による可動域、圧痛部位の確認、不安定性の評価を行うほか、レントゲン撮影によって骨棘、裂離骨片の検索を行います（写真1）。

治療 保存療法が改善しないなら手術

症状の部位と程度によって決めます。保存法で改善がないようなら、骨棘の切除など手術療法を行います。

予防 足関節の過負荷を避ける

足関節の不安定性を放置せず、テーピングや装具などによる制動を行い、足関節への負荷が強くなりすぎないようにします。また、予防トレーニングとしてフットワークのトレーニングも重要です。

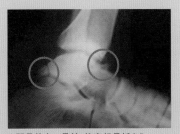
1 距骨前方に骨棘、後突起骨折あり

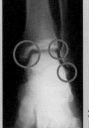
2 内くるぶし、距骨の骨棘

写真1 フットボーラーズアンクルのレントゲン画像

5 腓骨筋腱脱臼

　足関節の外側でずれるような違和感があり、捻挫か靭帯損傷かと調べても、靭帯に腫れや圧痛もなく、診断できないことがあります。そのうち、腓骨筋腱が外くるぶしの後方から外くるぶし上にはずれるケガを<ruby>腓骨筋腱脱臼<rt>ひこつきんけんだっきゅう</rt></ruby>と呼びます。

　長・短腓骨筋腱は、腓骨に沿っていて、外果の後方から下方前方へと方向を変えます。外果の周囲では<ruby>支帯<rt>したい</rt></ruby>（図1）という、バンドのようなものが腱を押さえていますが、これが破れると脱臼が発生します。

発生機転 方向転換や急停止

　フットワークの際に足関節底屈位で腓骨筋が収縮したとき、腱が浮き上がり外果の上に乗り上げます。方向転換や急停止、力を出して踏ん張る動作で生じます。後述の反復性脱臼では、より簡単に、意図的に脱臼させることもできてしまいます。

症状 脱臼感を覚える

　発生時には脱臼感が生じます。特に初回は支帯が破れるので痛みや内出血を起こすこともあります。しかし、脱臼した腱が比較的速やかに自然整復されるため、捻挫との区別がつかないこともあります。

診断 確定診断は脱臼の再現で

　脱臼の再現で確定診断できます。これは抵抗を加えた状態で足関節の背屈・外反を行わせることでできます。反復性の場合には腱を後方から押し上げる（写真1）だけで再現されることもあります。

治療 初回で修復しておきたい

　初回の場合は、支帯を圧迫・固定することで支帯が修復される可能性があります。しかし、ここで修復できないと反復性になってしまいます。反復性になった場合はスポーツ動作に影響が強ければ手術します。

予防 反復性を防止する

　発生しやすい選手など、十分に解明されておらず、予防が難しいのが現状です。再発を防ぎ、反復性になるのを予防します。

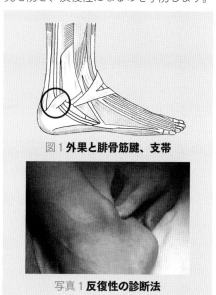

図1 外果と腓骨筋腱、支帯

写真1 反復性の診断法

《12 足部の障害

中足骨疲労骨折

足の甲の痛みは多くのスポーツで見られます。その中で比較的多いのは中足骨の疲労骨折です。中足骨は中手骨同様に各足趾の根もとに1本ずつ存在しています（図1）。

多くの中足骨疲労骨折は第2から第4の3本に起こります（写真1）が、まれに第1中足骨にも起こります。ジョーンズ骨折と呼ばれる第5中足骨の基部の疲労骨折については、発生機転や治りにくさから、別に扱います（P166参照）。

第2～第4中足骨に発生する疲労骨折は、多くは骨幹部（長骨の中央部分）に発生しますが、まれに中足足根関節に近い基部（長骨の端の部分を指す。ここでは中足骨の足首寄りの部分）にも発生し、これは比較的治るのが難しいとされています。

その理由は、患部が隣接する中足骨を結ぶ靭帯で固定されている部分との境界部となっているためと考えられます。つまり靭帯がなくなった箇所で急に動きが大きくなるからです。

発生機転　接地時の繰り返しの負荷が原因

足は、陸上での運動のほとんどでサーフェイス（路面）と人体との接点として、衝撃を受けたり、人体側からの力をサーフェイスに伝えたりすることで、運動を作り出しています。そのため、足には強い負荷が直接加わります。実際に、歩行やランニングでは着地してから接地面積を増やして、つま先で地面を蹴り出していくまでの間に、強いねじれの力を受けます。

ただし、骨幹部と基部の疲労骨折に発生機転の違いがあるかどうかはよくわかっていません。

症状　足の甲が痛む

足の甲の痛み、特に運動時（荷重時）痛が主な症状です。日常生活の歩行や階段昇降程度では痛みがないことが多く、逆に日常生活動作でも痛みがある場合には骨の損傷が大きいと考えなければなりません。

診断　レントゲン撮影で確認

通常2方向（正面像と斜位像）からのレントゲン撮影により診断ができます。疼痛が発生してからレントゲン画像に変化が発生する（仮骨が写るようになる）までには、2週間程度かかります。

また、これまで第1中足骨の疲労骨折はあまり知られていませんでしたが、足の内側で第1中足骨に一致した疼痛を訴える選手のレントゲン撮影画像を詳細に観察すると、外側（第2中足骨と向かい合う側）に仮骨が見られることがあります（写真2）。このケースは、通常の足の撮影方向（正面：足を上から、斜方向：足を斜めから）では発見できないことが少なくないので、痛みの最も強い位置に合わせて撮影を工夫してもらう必要があります。

治療 負荷を軽減し、骨癒合を待つ

安静にして回復を待ちます。第2～第4中足骨疲労骨折で骨幹部に発生するタイプは、偽関節（P40参照）にならない限り、通常1カ月程度で痛みがとれ、運動を再開できます。しかし、基部の疲労骨折は治癒まで2～3カ月かかることが多く、また、偽関節になる危険も高くなります。

偽関節になった場合（写真3）は、スポーツ活動を中止し、患部への負荷をできるだけ小さくして骨癒合を待ちますが、3カ月経っても進展がない場合は手術を考えます。

予防 早めの検査と筋力強化を

ジャンプやランニング時の着地による繰り返しの衝撃が原因となるため、適切なトレーニング量や頻度を意識します。また、偽関節に進行させないためにも、痛みが出たら早めの検査をすすめます。足にある細かい筋肉群を鍛えることも再発予防につながります。床に広げたタオルを足指でたぐりよせるタオルギャザーなどを取り入れましょう。

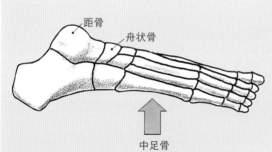

距骨
舟状骨
中足骨
図1 **足部の骨**（左足外側より）

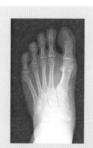

すでに患部が肥厚している
写真2 **第1中足骨疲労骨折**

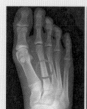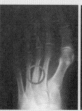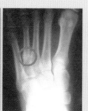

第2中足骨疲労骨折　第3中足骨疲労骨折　第4中足骨基部疲労骨折

写真1 **中足骨疲労骨折の例**

写真3 **第2中足骨疲労骨折で偽関節になっている例**

2 舟状骨疲労骨折

舟状骨は足の縦アーチの中心に位置する骨（図1）で、足に体重がかかるとき前後の骨から圧力を受けます。このため、舟状骨の疲労骨折はいろいろな陸上でのスポーツ場面で発生します。しかし、スポーツによっては体重のかけ方を変えることで痛みが軽くなるため、我慢してトレーニングを続けてしまい、発生から長期間経って医療機関を受診するケースも見られます。

発生
機転 **ダッシュやジャンプの
繰り返しで発生**

多くの舟状骨疲労骨折は、ランニング、跳躍・着地などの動作を繰り返すスポーツで発生します。陸上競技では長距離ランナーにも発生しますが、高強度のダッシュやジャンプなど繰り返す短距離走、跳躍などの選手に比較的多いのが特徴です。また、体操や新体操などの選手にも発生します。

跳躍からの着地時に足の縦アーチは下がることで衝撃を吸収します。距骨と向かい合う舟状骨の関節面はくぼんだ凹面となっており、距骨を介して体重の負荷が伝えられると凹面が広げられるような力が働きます。その結果、多くの舟状骨疲労骨折では距骨側の関節面に亀裂が発生します（写真1）。

症状 **足の内側に体重をかけると痛む**

足の内側に体重をかけると痛みがあり、母趾球に体重をかけて蹴り出すことができ

なくなります。そのため、多くの選手は足の外側で体重を受けることで痛みを減らしトレーニングを継続しようとします。その結果、トレーニング中に強い痛みとともに完全な骨折となる場合もあります。

診断 **レントゲンでは見つかりにくい**

上記症状があり、舟状骨の圧痛（背側面で前脛骨腱の下付近）が見られれば疲労骨折の可能性が濃厚と考えられます。舟状骨は奥行きのある形をしているため、単純なレントゲン画像ではなかなか見つけられません。そのため、疑いがある場合はCT（コンピュータ断層撮影）かMRIで確認します（写真2）。

治療 **骨の癒合具合を見て運動再開**

体重をかけることで亀裂が広がってしまうため、土踏まずを支える足底板（アーチサポート、写真3）を使い、負担を少なくします。基本的には癒合が進むまで運動は控えます。最近では、治癒を促進するために、超音波骨刺激装置が用いられます。

完全骨折となって発見された場合はギプス固定を行い、1カ月程度負荷をかけないようにします。その後、3カ月の期間で徐々に荷重を増やしていき、その間のCTやMRIでの骨の癒合の進行を見て運動の再開を決めます。

偽関節となり癒合が期待できない場合

は、骨移植と内固定（写真4）が行われます。

予防　早めの精密検査を

　疲労骨折の予防は難しいのですが、舟状骨疲労骨折では短距離、跳躍、体操などジャンプや着地による強い負荷が原因となりやすいので、これらの競技の選手に足背内側の近位部の痛みが見られた場合は、疲労骨折を疑って早期に精密検査をすることが偽関節への進行を防止する方法です。

　また、足の内側に荷重ができず、外側に体重を乗せて走るような選手も、舟状骨に圧痛がないかどうか確認すべきでしょう。

　舟状骨疲労骨折の既往のある選手には、再発予防にアーチサポートを使用させることも有効と考えられます。

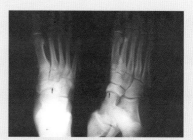

この程度の所見でもCTでは完全に亀裂している
写真1 **舟状骨疲労骨折の CT 画像**

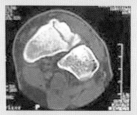

写真2 **CT像で見た舟状骨疲労骨折の亀裂**

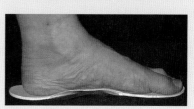

写真3 **アーチサポート**

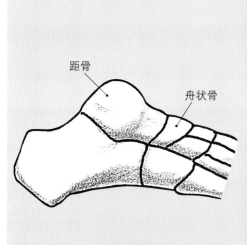

図1 **舟状骨の位置**

距骨

舟状骨

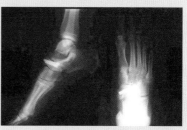

写真4 **舟状骨疲労骨折偽関節の内固定**

3 ジョーンズ骨折

ジョーンズ骨折と呼ばれている第5中足骨の基部の疲労骨折は、難治性（治療が困難であること）であり、偽関節型となって完全骨折にもなりやすい障害です。そのため、スポーツ選手やスポーツドクターを悩ませています。

特にサッカーの選手たちに多く発生しています。

第5中足骨の基部には短腓骨筋腱が停止しています。そのため、外側の骨皮質に亀裂が生じると、短腓骨筋に引っ張られる形となり、癒合が妨げられやすくなるのです（図1）。

発生機転 方向転換や急なストップ動作が誘発

サッカーやラグビーなど、方向転換や急なストップ動作の多いスポーツに多く発生が見られます。

足の外側でのストップや切り返し動作は、第5中足骨頭に内向きの負荷が加わり、第5中足骨をたわませます。

また、サッカーのスパイクのポイントの位置も、第5中足骨への負荷に関係するという意見もあります。

症状 足の外側での荷重や切り返しが困難に

第5中足骨基部に一致した運動時痛が生じます。

そのため、足の外側での荷重や切り返し動作が困難になります。

診断 レントゲン撮影、さらにはMRIを

第5中足骨基部の運動時痛と圧痛が見られた場合は、この障害を疑い、レントゲン撮影検査を行います。間違えやすい障害は腓骨筋腱の痛みです。腓骨筋腱の痛みの場合は、第5中足骨のみならず、腓骨筋腱に沿って外果方向まで圧痛が見られます。

疲労骨折の初期には、レントゲン撮影画像ではっきりした変化が見られないこともあります。しかし、症状がある程度進行すると第5中足骨基部外側に亀裂が見られます（写真1）。

これがさらに進行すると亀裂の周囲が骨硬化し、偽関節型になってしまいます（写真2）。単純レントゲン画像で見えなくても、MRIでは明確に見ることができます。

治療 ネジを埋め込む手術方法も

症状が初期で、亀裂がはっきりしない程度の損傷であれば、安静により癒合する可能性があります。進行期で亀裂が明らかな場合は安静に加えて、低出力超音波骨刺激装置（P143・写真2）を使用しますが、それでも癒合が進まない場合は手術治療をすることになります。

最近の手術の主流は、骨の中に埋め込んでしまうことのできるネジを用いて、亀裂部に圧迫を加える方法です（写真3）。この方法により、骨癒合が得られて復帰でき

る選手が増えました。しかし、あまり早期に復帰させると癒合が完了せず、ネジごと再び折れてしまう危険もあります。

いずれにしても、癒合しにくい部位であることを十分に認識しての判断が必要です。

第5中足骨への負担を減らす

足の縦アーチが高く、硬い足の持ち主は接地面積が小さく、第5中足骨への負担が大きく、疲労骨折も起こしやすい、という研究報告が見られます。このような選手は足底板を利用することで、接地面積を広く

する方法が考えられます。

ただし、足の側方での急なストップや切り返しのような動作による第5中足骨への負担が、足底板によってどの程度減らされるかの研究データはありません。今後の課題となります。

この骨折の既往がある選手では、足の側方でのストップや切り返し動作をつま先だけで行わず、かかとまで体重を乗せ、重心を低くするような動きを心がけることで、第5中足骨への負担を減らすことができます。ただし、この動きにより切り返しのスピードが若干遅くなる可能性があります。

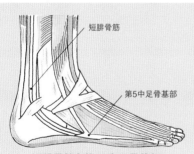

図1 短腓骨筋と第5中足骨基部

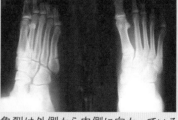

亀裂は外側から内側に向かっている
写真2 中足骨疲労骨折偽関節型

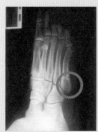

写真1 第5中足骨疲労骨折の典型像

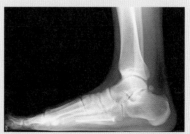

写真3 第5中足骨に対する内固定

4 外脛骨障害

足の舟状骨の内側が突出（図1）し、その部分に痛みを持つ選手は、比較的多く見られます。これは外脛骨と呼ばれる足の過剰骨で、歯でいうところの八重歯のようなものです。以前にスポーツ選手の足のレントゲン画像を調べたところ、30％以上の選手に外脛骨が確認できました。つまり、3人に1人は外脛骨を持っていることになります。

外脛骨は、その形態から3種類に分類されています（図2）。Ⅰ型は舟状骨本体から離れて後脛骨筋腱に付着する形で存在するもの、Ⅱ型は舟状骨本体と線維性に連結しているもの、Ⅲ型は完全に癒合して舟状骨が長く内側に突出しているものです。

外脛骨には、本体の舟状骨と同様に後脛骨筋腱が付着するため、その力を受けます。したがって、後脛骨筋によって引っ張られる力が痛みを出す要因になることが推測されますが、原因はどうもそれだけではないようです。成長期にしばしばこの骨の痛みが出現し、また、成人でも捻挫を起こしたあと、この骨の痛みが出現することがあります。

発生機転　考えられる原因は3つ

外脛骨障害には3つの原因が考えられます。

第1は後脛骨筋腱の牽引力を受けるもので、足のアーチが下がりやすい回内足の選手に多く見られるものです。このタイプは成長期に足部や下腿の骨が成長し、それによって後脛骨筋が相対的に短くなり、緊張が高まると牽引力が強くなるため痛みが出やすくなります。

第2は純粋に外脛骨の内側への突出が大きく、日常生活における普通のシューズでは問題ないものの、スキーのブーツやスケート靴など堅い靴を履くと、当たって痛みを生じるものです。

第3は第2と共通しますが、内返し捻挫をした際に、外脛骨が足関節の内果と衝突し、その結果、痛みが出るものです。

症状　荷重時の外脛骨部の痛み

発生機転の第1と第3が原因の場合は、外脛骨部の痛みが運動時、特に荷重時に発生します。第2の場合は堅いシューズを履いたときのみ発生します。

診断　レントゲン撮影画像で分類

疼痛の部位、外脛骨特有の突出で、たいていは診断がつきます。どの分類に相当するかは、レントゲン撮影によって明らかになります（写真1）。

治療　痛みが落ち着くまで安静に

基本的に安静にすることで疼痛が落ち着くのを待ちます。荷重時の回内によって疼痛が発生する場合には、足底板やテーピン

グなどを用いて回内防止を行います。

　成長期になって痛みが強まった場合には、逆に成長が落ち着くと痛みも落ち着く可能性があるので、上記と同様に回内防止を施したうえで様子を見ます。

　突出がシューズに当たって痛みが出る場合は、市販されているドーナツ形のパッドで圧力を分散させるようにします。しかし、どうしても痛みがとれない場合には、外脛骨を取り除くことがあります。

　捻挫をきっかけに疼痛が始まった場合では、捻挫による衝突で外脛骨と舟状骨との間の線維組織や後脛骨筋腱が損傷されていることが多いようです。

　このような場合は内返しで衝突しないようにテーピングを用います。特に足関節の外側の靭帯機構が弱くなって不安定になっている場合は、この捻挫防止が重要です。

　疼痛の改善がなかなか得られず、長期化している場合はブロック注射が行われます。その際に、どこが痛みの中心なのかを明らかにしたうえで注射を行うべきでしょう。そのためにMRIを撮影することもあります。

予防　特別な意識は不必要

　外脛骨を有する人の割合よりも、痛みを有する人の割合はずっと少ないことを考えると、無症状の選手に予防処置を行うのは過剰治療になるかもしれません。

　極端に回内扁平足となっている場合には足底板を使用させ、外脛骨の疼痛の発生を予防したくなりますが、外脛骨以外にも回内扁平足による症状を訴えていないのなら、予防を急ぐ必要はありません。

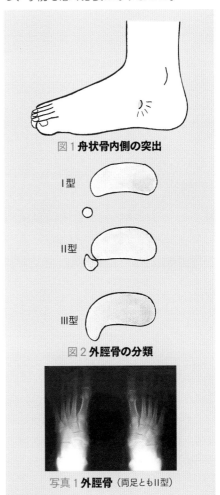

図1 **舟状骨内側の突出**

I型

II型

III型

図2 **外脛骨の分類**

写真1 **外脛骨**（両足とも II型）

5 リスフラン関節損傷

リスフラン関節は、足の甲の中央付近の関節で、中足骨と足根骨（踵骨、距骨、舟状骨、立方骨、第1～3楔状骨の総称）との間の関節です（図1）。この関節はもともとあまり大きな動きのない関節で、しかも中足骨の長さが母趾とほかの中足骨とでは異なるため、動きに違いが生じます。

リスフラン関節の損傷は、球技において足の捻挫で発生しますが、評価・診断が難しく、軽視されがちです。

発生機転 足関節への強い底屈外反で起こる

主に足関節を底屈した状態で足に体重が乗り、さらに足部が外旋方向に強制される状況で発生します。ラグビーやアメリカンフットボールではタックルされ、相手の体重を受けたまま倒れる際にしばしば起こっています。

たくさんの選手がかたまって倒された場合など、どのような力が働いたかわからない場合も多いようです。

足の第2趾は長く、足先に外方への力が加わると、母趾列と第2趾列の間の靭帯（リスフラン靭帯）の損傷が起こります（写真1）。

症状 荷重時に足背部の痛み

足背部の痛み、特に荷重時の痛みが主症状です。この部分が痛む場合は、周辺の損傷を合併している場合が多く、その治療の

ために、荷重をしていない間は、症状に気づかないこともあります。

診断 痛みは前足部や足趾の動きで確認

疼痛の発生する部位によってこの障害が疑われた場合は、どのような動きで疼痛が再現されるかを確かめます。

特に前足部や足趾の動きを確認します。さらにレントゲン撮影を行い、骨折や傷の有無、関節裂隙の開大を調べます。そのため、レントゲンは可能な限り荷重位で、しかも反対側と比較できるように両足の撮影をします。

治療 離開の場合は厳重な固定を

明らかな関節の離開（写真2）がある場合は、厳重な固定をします。特に大きな離開の場合は靭帯の完全な断裂と考えて、手術を行うこともあります。

多くは足の縦アーチを支えて保持し、離開を止めるように1カ月程度ギプス固定をして経過を見ます。この間、かかとでの荷重は許可しますが、前足部での荷重はなるべく避けるようにします。

その後、アーチサポートを用いて支持しつつ荷重歩行からジョギング、ランニングへと進めます。

3カ月程度でスポーツに復帰できる例がほとんどですが、関節痛が残る場合もあります。

予防 **不可抗力のため予防は困難**

　多くは不可抗力で発生するので予防は困難といえます。

　再発予防にはテーピングでリスフラン関節やアーチを保持するようにします。

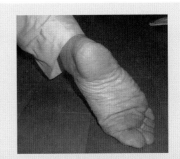

写真1 **足が底屈外反する様子**

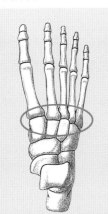

図1 **リスフラン関節**

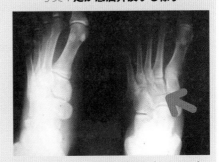

写真2 **リスフラン関節の離開**（矢印部分）

6 足底腱膜炎

スポーツ選手のかかとの痛みは、特に陸上競技の選手に多いものです。かかとの痛みにはいくつかの原因がありますが、かかとの皮下にあるクッション組織（脂肪褥）が圧迫されて生じる痛み、かかとの骨の突起（内側隆起）の下にある滑液包に炎症が起きて生じる痛み、足の縦アーチを支える足底腱膜の炎症による痛みなどがあります。ここでは、頻度が高く、痛みの管理や再発予防に注意を要する足底腱膜炎について詳しく説明します。

足底腱膜は写真1のように足の縦アーチを支える機構の1つで、踵骨から各足趾の底面まで広がっています。

発生機転 強い伸長の繰り返しで発生

足底腱膜はランニングのかかと接地から蹴り出しまでの動き（写真2）の中で体重を受け、伸長されます。特に、接地して縦アーチが下がった状態からつま先に体重が乗って蹴り出すまでには、強い伸長が加わります。この伸長の繰り返しの結果、腱膜と骨とのつなぎ目に微細断裂が起こったものと考えられています。

症状 足底に体重がかかると痛む

体重が足底全体に加わるときに疼痛を感じます。特に運動開始直後、さらには起床して体重をかけ始めるときに痛むのが特徴です。患部の腫れや盛り上がりを自覚する

こともあります。速い動きの際には切れるのではないかと思うほどの強い痛みを感じることもあります。

診断 確定診断はMRIや超音波像で

足底腱膜の圧痛や腫れの触診で、大部分は診断ができます。このとき前述の脂肪褥や滑液包の痛みでないかどうかの鑑別も必要です。確定診断には画像検査を行います。MRI（写真3）や超音波像で患部の腫れを確認します。

治療 まずは保存治療から

基本的にはまず保存治療を試みます。ふくらはぎや足底の筋のストレッチング（写真4）、足底腱膜への超音波療法、足底腱膜への負荷を減らす足底板などが最初に行う方法です。これらの方法で改善が見られない場合には患部へのブロック注射（局所麻酔剤とステロイド剤）を行います。

ブロック注射でも改善しない慢性例で長期化した場合は手術を行います。手術は足底腱膜を起始部で切り離すものです。同時に骨棘や腱膜自体のしこりがあれば切除します。

予防 シューズの摩耗や弾力低下に敏感に

シューズの摩耗や弾力性の低下は足底腱膜への負担を大きくすると考えられます。特に、アウトソールの中足趾節関節部が簡

単に曲がってしまう場合は、弾力性が低下していることを意味するので要注意です。

縦アーチの高い足や、扁平足など足の形態に問題がある選手には、足底腱膜炎が起こりやすい傾向があります。ランナーであれば足底板を作るのがよいでしょう。

備考 骨棘は痛みに 関係するわけではない

かかとや足の裏の痛みでレントゲン撮影をしたとき、踵骨の突出（骨棘：写真5）を指摘されることがあります。骨棘が痛みと関係すると思われがちですが、実際はそうとは限りません。そもそも年齢が高くなると骨棘を持つ人が増えるのです。その意味では加齢現象と考えるべきでしょう。写真5の場合、この部分より後ろの踵骨内側隆起は、真横から見る限り、それほど目立っていません。

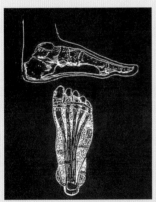

写真1 **足底腱膜**

写真2 **足底全体での接地から蹴り出し**

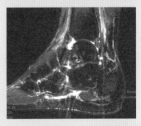

写真3 **足底腱膜炎のMRI所見**

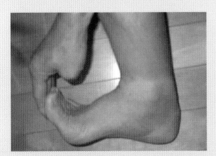

写真4 **足底腱膜のストレッチング**

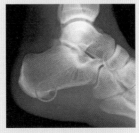

写真5 **踵骨の骨棘**

173

1 外反母趾

外反母趾はもともと女性に多い足の変形で、母趾が基部の関節で外側に曲がってしまい痛みを伴う疾患です。統計的には年齢とともに増えますが、中学生頃から発生します。

最近では、スポーツを行う女性にも外反母趾の痛みに悩む人が増加しているようで（写真1）、シューズメーカーも、外反母趾を悪化させないシューズを考案しているようです。

発生機転 遺伝、加齢、シューズも要因に

年齢とともに増加している点から加齢が1つの発生要因とも考えられます。典型例は中学生の頃など若年期より発生し、徐々に強まっていくものです。若く発生する場合は、たいてい母親も外反母趾を持っているようで、その点から遺伝も重要な発生要因であるといえます。

スポーツ選手では、シューズが悪化させる要因になっていることも知っておきましょう。実際に、シューズを履いた状態で母趾のつめの位置を触ってみるとよくわかります。明らかに外反が強制されるシューズがあるからです。

症状 飛び出ている部分に痛み

大部分はシューズを履いて動くときに痛みを覚えます。特に、外反が生じている中足趾節関節の突出部の内側が赤く腫れ上がっていることが多く見られます。外見上では、当然ながら母趾の外反変形が目立ちます。

ときに、外反変形部で皮下を通る神経が圧迫され、母趾のしびれや知覚の低下を生じることもあります。

母趾に体重をかけにくくなり、母趾球よりも第2〜3中足骨頭で地面をとらえるようになるため、その直下の皮膚が固くなりタコになることもしばしばです。

診断 母趾の外反変形で判断

視診で母趾の外反変形があれば外反母趾となります。定義では、レントゲン画像で第1中足骨と母趾の基節骨のなす角が25度以上とされています（写真2）。

外反母趾を持つ人は、足の縦アーチが低い扁平足を合併していることが多いため、扁平足の評価もしておく必要があります。

治療 シューズを変え、筋肉を強化

まず、母趾の外反を悪化させるシューズを避け、足のアーチを支える足底板（アーチサポートと中央の中足骨を持ち上げるパッド）を使用します。これらは専門の医療機関やトレーナーに作ってもらいます。

あわせて、母趾や足趾を動かす筋肉の強化も行います。よく知られているのはタオルギャザーですが、それ以外に母趾を開く（外反を小さくする）運動も行います（写

真3）。外反母趾が進んでいると母趾の関節の動きが硬くなっているので、その場合は、温めて手を使って動かします。

　これらの保存療法を行っても改善がなく、また、痛みだけでなく変形を直したいという希望が強いときは手術を行います。外反母趾の手術には世界的に非常に多くの手術法があります。最近の主流は第1中足骨を切って形を変えることで変形を矯正する方法です（写真4）。骨が癒合するまで3カ月程度かかり、その間、体重のかかる運動はできません。

予防　シューズ選びに配慮を

　もっとも重要なことは変形を悪化させないシューズ選びです。また、きつくフィットしたシューズを長時間履き続けないことも重要です。

　遺伝素因があり、若くから変形が少しずつ見られる場合は、母趾の筋肉の運動をしてください。

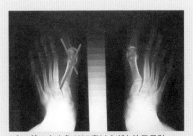

2本の線のなす角が25度以上だと外反母趾
写真2 **外反母趾のレントゲン画像**

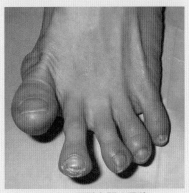

写真3 **母趾を開く運動**

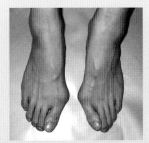

写真1 **ランナーに見られる典型的な外反母趾**

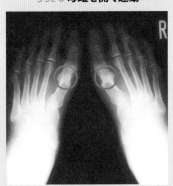

第1中足骨の末梢部で骨を切って矯正している
写真4 **外反母趾手術後のレントゲン画像**

8 アキレス腱付着部炎

アキレス腱の付着部も、アキレス腱の痛みの生じる部位として珍しくありません。アキレス腱は、付着部のすぐ上で踵骨との衝突や摩擦を減らすクッション組織（踵骨後滑液包）で保護されています。しかし、滑液包の保護を超える力が加わり続けると、滑液包自体が腫れ、痛みを発生します（図1）。

発生機転 走動作による摩擦が原因

多くは、ランニング動作によるアキレス腱と滑液包や踵骨との摩擦によって発生します。靴のかかとやヒールカウンターの食い込みも、痛みを誘因します。また、踵骨の後方が突出している形の選手はこの障害を起こしやすいと考えられています。

症状 痛みと腫れが生じる

運動時のかかとの痛み、特にアキレス腱付着部周辺の痛みと腫れです。炎症が強くなると、日常生活の歩行、階段昇降でも痛みが出ます。

診断 MRIで患部の腫れ、摩耗も確認

アキレス腱付着部の圧痛、特に両側の圧痛や腫れで多くは診断できます。レントゲン撮影画像では踵骨の形を見ます。MRIによって、実際に滑液包がどの程度腫れているか、さらにアキレス腱の腫れや摩耗がないかを確認します（写真1）。

治療 アイシングとストレッチング

軽症の場合は、患部を運動後にアイシングし、ふくらはぎのストレッチングを十分に行います。シューズにクッションを入れ、かかとを持ち上げる方法もあります。

症状が強い場合は、滑液包に炎症止めを注射し、それでも改善しない場合は手術で滑液包と踵骨の突出部を切除します。

予防 アイシングとストレッチング

ふくらはぎの筋肉の柔軟性の維持することを心がける、アキレス腱付着部に食い込みがちなヒールカウンターの硬いシューズの使用を避けることなどです。

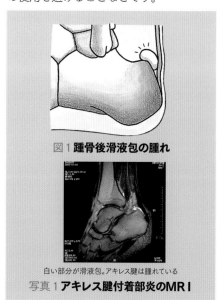

図1 踵骨後滑液包の腫れ

白い部分が滑液包。アキレス腱は腫れている
写真1 アキレス腱付着部炎のMRI

第3章
臨床編
内科的障害

アスリートにとって「内科的障害」も大きな問題となる。
対処方法、治療法を誤ってしまうことで、大事に至ることも。
アスリート生命を縮めてしまわないためにも、しっかり知識を持とう。

《内科的障害

┃貧血

貧血<ruby>（<rt>ひんけつ</rt>）</ruby>は、血液中で酸素の運搬を担う赤血球や、実際に酸素と結合するタンパク質であるヘモグロビンの不足した状態です。

発生機転　赤血球の不足

赤血球の寿命は、体内で約120日。骨髄の幹細胞が分化して作られてから120日経つと、壊されて新しい赤血球と置き換わっています。このバランスがとれていることで、体内では一定量が維持されるようになっています（図1）。赤血球が不足する理由としては、新しい赤血球を作る働きの低下と、壊れる働きの亢進<ruby>（<rt>こうしん</rt>）</ruby>が考えられます。

スポーツでは、ケガなどによる出血で血液が失われたり、着地や衝突などの衝撃で赤血球が壊されたりすることなどが貧血の原因となることがあります。

長距離走では、ランニング中に消化管からの出血が見られる例がありますし、また、トレーニングや試合の際の交感神経の高まりも、アドレナリンの分泌により赤血球の破壊を強めることにつながります。

新しい赤血球を作るためには、細胞の材料となるタンパク質や脂質のほか、酸素と結合するヘモグロビンが必要です。赤血球の細胞は骨髄の中にある造血系の幹細胞が分裂し、分化して作られていきますが（図2）、ヘモグロビンはその間に細胞内に作られます。ヘモグロビンは中心に鉄のイオンを含む特殊な構造のため（図3）、鉄が不足するとヘモグロビンを作る量が減ってしまうことになります。

人間の汗の中には一定量の鉄が含まれるため、トレーニングや試合で汗を多くかくスポーツ選手は、特に大量に発汗する夏場では、失われる鉄の量が増加します。このような理由で、スポーツ選手では鉄欠乏による貧血が多くなるわけです。

また、オーバートレーニングのような状態では、赤血球自体を作る働きも低下し、貧血が起こりやすい状態になるともいわれています。

症状　持久的なパフォーマンスが低下

赤血球やヘモグロビンの不足により、酸素の需要に対応できなくなり、息切れや頻脈が起こり、持久的なパフォーマンスが低下します。極度の貧血ではめまいや失神を起こすこともありますが、一般に脳貧血と呼ばれるのは低血圧の症状で、必ずしも真の貧血ではありません。また、顔の色や唇、まぶたの裏の色などに赤みが少なくなるのも、ある程度進んだ貧血の所見です。

診断　血液検査が必須

真の貧血かどうか確認するためには血液検査が必須です。最も基本的な血液中の細胞の数を調べる血算という検査で、赤血球数やヘモグロビンの濃度がわかります。正常範囲は男女で異なり、男子の値のほうが10％くらい高くなります。また、貧血の

原因や程度を知るために、血液中の鉄や貯蔵鉄であるフェリチンの値も検査します。

治療 鉄の補充を行う

　鉄欠乏による貧血では鉄の補充が治療となります。鉄剤の服用で効果を見ますが、鉄が増加しヘモグロビンが増えるまでには、ある程度の期間（数カ月）が必要です。鉄剤の注射薬もありますが、早く増やそうと不必要な注射をすると、ヘモグロビン合成に使われず、体内のほかの臓器に蓄積することがあり危険です。

　治療の効果は、血液検査を定期的に受けることでわかります。

　また、オーバートレーニング症候群に伴って発生した造血能の低下による貧血では、休養が最も重要な治療となります。

予防 日常の食生活に配慮を

　スポーツ選手は、一般人より鉄の需要が高いことを考え、日常の食生活で十分な量の鉄の摂取を心がけます。詳しくはスポーツ栄養の実践書を参考にしてください。鉄は腸での吸収があまりよくない物質なので、効率のよい摂取方法を選びましょう。

　発汗が増えることで貧血に陥りやすくなる夏場を前に、血液検査で貧血の有無を確かめ、数値がやや低めの場合は、夏にさらに減ることを想定し、食生活を見直しましょう。発育期には身体発育により血液も増えるので、なおさら鉄の需要が高まり、貧血になりやすいため、食生活がとても重要です。

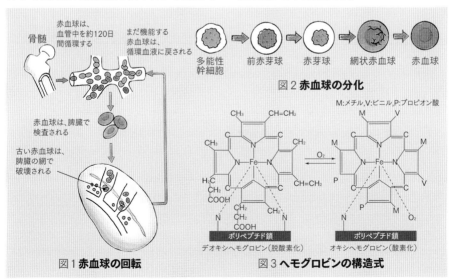

骨髄

赤血球は、血管中を約120日間循環する

まだ機能する赤血球は、循環血液に戻される

赤血球は、脾臓で検査される

古い赤血球は、脾臓の網で破壊される

図1 **赤血球の回転**

多能性幹細胞　前赤芽球　赤芽球　網状赤血球　赤血球

図2 **赤血球の分化**

M:メチル,V:ビニル,P:プロピオン酸

ポリペプチド鎖　デオキシヘモグロビン（脱酸素化）

ポリペプチド鎖　オキシヘモグロビン（酸素化）

図3 **ヘモグロビンの構造式**

2 オーバートレーニング症候群

スポーツ選手は、日常生活に加えて激しいトレーニングをしています。特に日本の選手はトレーニングを休むことに不安や罪悪感を持つ傾向があり、上手に体を休ませることができません。その結果陥る体調不良が、オーバートレーニング症候群です。たとえてみれば、働きすぎの会社人間が、過労で倒れるようなものです。

ある日のトレーニング量が非常に多くて、疲れ切ったという急性の変化としての疲労は、過労あるいはオーバーワークという表現が使われます。これに対して、オーバートレーニング症候群は、毎日のトレーニングによる疲労が徐々にたまり、気づいたら体が常に重く、トレーニングしているのに動けなくなってくる、記録が落ちてくる、という状態です。

発生機転 過労がストレスに

症状が発生するまでのどこかの過程で、必ず過労が続いている時期があるはずです。問題は、その時期に過労と認識していたかどうかです。試合が続いたり、学校や会社の行事やノルマがあったりしたなど、トレーニング以外の負担も当然原因になります。絶好調と思って無理を続けた先に、急に絶不調といってよいくらいの体調不良に陥ることもあります。これらも多くはオーバートレーニングと考えられます。

なぜ、過労によってオーバートレーニング症候群と呼ばれるさまざまな症状が発生するのか、現在の考え方を記します。

スポーツのトレーニングは激しくなると心身へのストレスとなります。私たちの体は、ストレスが加わると脳がそれをキャッチし、交感神経を緊張させて対応しますが、その状態が長く続くと対応できなくなってしまうのです。脳では視床下部という場所がストレスをキャッチして、自律神経や他の内分泌器官に指令を出してストレスに対応させます。しかし、視床下部が対応できなくなってしまうと、自律神経や内分泌器官にストレスと戦う指令を出せず、その結果、体のさまざまな部分に症状が現れることになります。

症状 起床時の疲労感に注意

疲労症状は、この病気に必ず見られる主症状です。特に朝の起床時にすっきりしない、休んだ感じがしない、という朝の疲労の残りが重要です。また、多くの選手でパフォーマンスの低下が見られます。

ある程度長期化した場合には、疲労感以外にもさまざまな症状が出てきます。動悸やめまいのほか、風邪が治らない、腹痛や下痢、不眠、筋肉痛、いらだちやうつ状態など、驚くほど多様な症状が現れます。そのため、オーバートレーニングとは別の病気と考えて、いろいろな診療科を渡り歩く場合もあります。

診断 可能性のある疾患を調べる

　貧血のように、決まった検査の数値によって診断がつく、というものではありません。オーバートレーニング症候群と診断するためには、まず類似した症状を起こすと思われるほかの病気でないことを検査によって把握し、そのうえでオーバートレーニングとなりうる経過が見られることを確認する必要があります。特に、貧血や肝機能障害などは、必ず検査で確かめなければなりません。

　検査としては特異的なものではありませんが、コルチゾルの変化（症状の初期には上昇し、長期化すると低下する）や性ホルモンの低下がしばしば見られます。また、気分を調べるPOMS検査（図1）も用いられます。

治療 疲労感が抜けるまで休む

　疲労感が抜けてくるまでしっかりと休むことです。朝、疲れがとれて気分よく起きられるようになったら、少しずつ軽い運動から再開し、疲労の残り具合を見ながら徐々に運動量を増やします。朝の疲労感がぶり返さないように、運動量は慎重に調整してください。

　不眠やうつ症状、興奮など神経科的症状が明らかな場合は、神経科の医師の診察を受けるべきでしょう。投薬が必要となるケースもあります。

予防 休養もトレーニング

　好調の状態は、いつまでも続くわけではありません。「休養もトレーニングの1つ」ととらえて、調子よくトレーニングができていても、休養はきちんととることが大切です。また、オーバートレーニングの前兆を発見するためにも、トレーニング日誌に、起床時の心拍数や疲労感などを記録する習慣をつけておくと役に立ちます。あとから見直したときに、どのようなトレーニング計画のときに体調を崩し、どのくらいの経過で回復したかを把握できます。

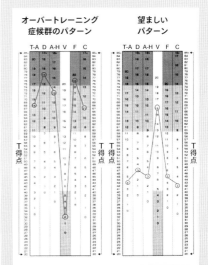

気分プロフィール検査のこと。「緊張」「抑うつ」「怒り」「活気」「疲労」「混乱」の6つの尺度から気分や感情の状態を測定する

図1 POMS検査

第3章
臨床編 内科的障害

181

3 熱中症

高温の環境下で運動を行うことにより、体温調節機構が働かなくなる熱中症は、重症化すると意識障害や筋肉の破壊、腎不全などを起こして死に至る重大な内科的障害です。

温暖化が著しい現在の環境では、常に熱中症の危険を意識し、対策をとりながらスポーツ活動を行う必要があります。

発生機転 体温上昇にともなう脱水

私たちの体温は、脳の体温調節中枢で調節を受け、体温が上がると汗をかき、皮膚の毛細血管を広げることで熱を発散させるように全身に指令が送られます。

汗をたくさんかくことによって、体から水分や電解質が失われます。その結果、脱水・電解質異常による症状が現れます。

体温上昇は、気温、湿度、風速、輻射熱も影響します。つまりスポーツを行う環境によっては、気温以外の要素も考慮しなければならないわけです。

例えば、直射日光が当たり、照り返しもある人工芝の競技場では気温以上の暑さを感じて体温は高くなりますし、空調設備のない屋内体育館も高温多湿になるため、風が入らないと体温が上がります。

さらに熱の放散を妨げるトレーニングウエアの着用や、肥満で皮下脂肪が多い場合なども熱の放散が悪くなり、熱中症を起こしやすいといわれています。

症状 症状は4段階。死に至るこども

熱中症には次の4段階の症状があります。

❶熱失神：体温上昇に対して皮膚表面の血管を拡張させるため血圧が下がり、脳への血流が減ることで、めまいや失神がおきる。

❷熱疲労：脱水状態により脱力、倦怠、めまい、頭痛、吐き気などの症状が現れる。

❸熱けいれん：電解質異常により手足や全身の筋肉にけいれんが起こる。

❹熱射病：体温上昇（40度以上）で体温調節中枢が障害され、意識障害（もうろうとする、言動や応答がおかしいなど）、頭痛、吐き気など中枢神経障害の症状が起こる。

進行すると、ショック状態となり、血液凝固異常や多臓器障害から死に至ります。

診断 状況から判断、同時に治療を

発生状況、意識状態、体温などから診断をします。体温はわきの下など末梢温よりも中枢温である鼓膜温や直腸温を測定するほうが望ましいでしょう。医療機関では血液検査で電解質異常の程度を確かめます。

診断と同時に治療も並行して行う必要があります。

治療 初期には冷却と水分補給

熱の放散を妨げる衣服（汗で濡れたウエア）を取り除き、大きな動脈の通路（頸部、わきの下、鼠径部）を冷やします。医療機

関では、点滴で水分と電解質を補給します。

より重症の熱射病では、入院のできる施設で血液凝固異常の治療や血液透析などの専門的治療を行います。

予防 環境の改善と水分補給

熱中症は高温に体が慣れていない時期に発生しやすく、部活動では1年生に多く、肥満傾向の生徒に多いことがわかっています。まず、発生しやすい状況や人に十分に注意・配慮をしましょう。

練習は、高い気温になる時間帯を避けて、朝や夕方にしましょう。日本スポーツ協会では表1のような目安を出しています。気温、湿度だけでなく輻射熱を加味したWBGTという数値が指標に有用です。

定期的な休憩と水分摂取、熱のこもらないウエアの着用、汗でひどく濡れたら着替えるなども重要です。屋外スポーツでは、グラウンドに水をまきましょう。地表面の温度が下がるため、選手がさらされる環境が改善されます。

夏の合宿のように、毎日、しかも午前・午後とも練習が行われるような場合は、体重の変化が選手の状態の目安になります。特に、練習の前後の差は発汗などで失われた水分量の目安になるため、それを補充する必要があります。

水分だけでなく、電解質も同時に失われているので、電解質も加わった熱中症予防用の飲料を練習中定期的に、さらには練習前にも摂取しておくのが望ましいでしょう。

WBGT ℃	湿球温度 ℃	乾球温度 ℃		
31	27	35	運動は原則中止	特別の場合以外は運動を中止する。特に子どもの場合には中止すべき。
▲▼	▲▼	▲▼		
28	24	31	厳重警戒（激しい運動は中止）	熱中症の危険性が高いので、激しい運動や持久走など体温が上昇しやすい運動は避ける。10〜20分おきに休憩をとり、水分・塩分を補給する。暑さに弱い人は運動を軽減または中止。
▲▼	▲▼	▲▼		
25	21	28	警戒（積極的に休憩）	熱中症の危険が増すので、積極的に休憩をとり、適宜、水分・塩分を補給する。激しい運動では、30分おきくらいに休憩をとる。
▲▼	▲▼	▲▼		
21	18	24	注意（積極的に水分補給）	熱中症による死亡事故が発生する可能性がある。熱中症の兆候に注意するとともに、運動の合間に積極的に水分・塩分を補給する。
▲▼	▲▼	▲▼	ほぼ安全（適宜水分補給）	通常は熱中症の危険は小さいが、適宜水分・塩分の補給は必要である。市民マラソンなどではこの条件でも熱中症が発生するので注意。

表1 WBGTの目やす

WBGT測定器

4 運動誘発性ぜんそく

気管支ぜんそく（以下、ぜんそく）は現代の子どもたちに増加している疾患の1つです。家屋の気密性が増したことや、車の増加といった環境変化が原因といわれていますが、必ずしも増加の原因は明らかではありません。

ぜんそくは気管支の平滑筋がなんらかの原因で縮まって気管支が狭まり、空気抵抗が高くなった状態です（図1）。こうした状態が急激に起こるため、ぜんそく発作と呼ばれます。

ぜんそくを引き起こす直接の原因は、ハウスダスト、動物の皮膚や毛などアレルギー源（アレルゲン）の吸入や食物が多いのですが、気管支が過敏な子どもでは、冷たい空気を吸うだけでもぜんそくを起こすことがあります。

発生機転 運動による呼吸促進が誘因

スポーツ中は呼吸量が増加し、気管支を通過する空気の量が多くなります（図2）。運動による呼吸の促進が引き金になって起こるぜんそくを、運動誘発性ぜんそくと呼びます。特に乾いた冷たい空気を吸うと起こしやすいといえます。

症状 ぜん鳴やせきで呼吸困難に

ぜん鳴（ぜいぜいいう音）や咳が見られ、呼吸困難を訴えます。特に息を吐くことができにくくなります。また、気管支分泌物が痰となって排出されます。

診断 ぜん鳴、血液検査で

典型的なぜん鳴が見られた場合は、診断は比較的容易です。風邪などに伴うぜんそく様の気管支炎では、もともと感冒の症状があって起こります。

血液検査を行うと、アレルギーの関与を示す好酸球という白血球の割合が増加しています。

治療 禁止薬物でない吸入薬を

もともと小児ぜんそくの既往のある選手では、ぜんそく治療の薬剤を持っていることが多いのでそれを使います。

発作時には気管支拡張剤を使うことになります。最近はハンディな吸入薬（写真1、2）が出ており、練習や試合に持参する選手もいます。

問題になるのは、これらの薬剤の中にはドーピング検査で禁止薬物となっている β 刺激薬やステロイドが含まれていることがあるということです。ドーピング検査を受ける可能性のある選手は、禁止薬物が含まれていない吸入薬を処方してもらうようにしてください。

予防 発生しやすい状況に備える

運動誘発性ぜんそくでも、一般のぜんそくと同様に季節の変わり目や疲労したと

き、体調不良時など、発生しやすい共通の状況があります。

季節変化に関しては、発作予防の抗アレルギー剤を使用するのが1つの方法です。また、ウォーミングアップにしっかり時間をかけて、急に呼吸量が増加しないように、徐々に運動強度を上げることが必要です。さらに、ぜんそくに限ったことではありませんが、全体的な体調管理もしっかりと行いましょう。

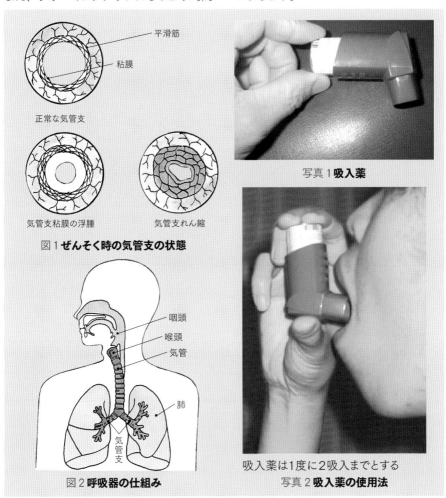

平滑筋

粘膜

正常な気管支

気管支粘膜の浮腫

気管支れん縮

図1 ぜんそく時の気管支の状態

咽頭

喉頭

気管

肺

気管支

図2 呼吸器の仕組み

写真1 吸入薬

吸入薬は1度に2吸入までとする
写真2 吸入薬の使用法

5 過換気症候群

　私たちの呼吸は、血液中の酸素や二酸化炭素の濃度によって、速くなったり遅くなったりする調節機構が働いています。酸素濃度が減って二酸化炭素濃度が増えると、呼吸が増えて速くなり、酸素濃度が高くなって二酸化炭素濃度が低くなると、呼吸は減るようになっています。なんらかの原因で呼吸数が増えすぎて、二酸化炭素濃度が低くなり、呼吸が抑制された状態が過換気症候群の本体です。

発生機転　血中の二酸化炭素濃度が低下

　不安や精神的なストレスなどが原因で、必要以上に呼吸数が増えてしまい、血液中の二酸化炭素濃度が下がると、呼吸の抑制が起こります。そうすると呼吸のしづらさを感じて苦しくなり、ますます呼吸を増やそうとして苦しくなると考えられます。

　根本の原因が精神心理的なものであるのかどうかについては、今のところ十分にわかっていません。ただ、パニック障害のような疾患で過換気症候群を生じることがしばしばあり、関連性は強く疑われます。

　一般に若い女性に多いとされていますが、若い男性のスポーツ選手にも発生します。

症状　呼吸をしようとする悪循環

　息苦しさのため、深く大きい呼吸をしようとして、苦悶の顔ぼうになり、手足のしびれや知覚異常、ふるえ、テタニー症状（手足の筋肉がけいれん、腕や脚の関節が曲がったままの状態になる）など、低二酸化炭素症状も見られます。このような症状の結果、ますます不安に陥り、呼吸を増やそうとする悪循環に陥ります。

診断　経過と呼吸の様子を見る

　発生の経過と呼吸の様子で多くは診断できます。末梢の酸素濃度が低くないことや二酸化炭素濃度が低いことを示すことができれば、診断は確実ですが、スポーツ活動の現場では難しいでしょう。

治療　安心させて呼気を吸わせる

　すでに何回か過換気発作を起こしている選手であれば、安心させ、ゆっくり静かに呼吸させようとすると徐々に二酸化炭素濃度が高まり苦しさが改善します。また、不安など精神的要因が強い場合には、専門家による相談やカウンセリングを受けさせるのがよいでしょう。

予防　精神・心理的な健康管理

　多くの選手たちは自分で気分転換をし、ストレス発散ができますが、うまくできない選手では身体症状として過換気症候群などの症状が現れます。

　選手、指導者以外の第三者が客観的に観察し、相談に乗ることができる体制があれば望ましいでしょう。

6 摂食障害

体重や体脂肪を増やさないような指導が行われるスポーツでは、食べ盛りの食べたい年齢で食べてはいけないという状態が続くと、食べることに罪悪感を持つようになり、我慢できずに食べてしまったあと後悔して無理に吐いてしまう、という悪循環に陥ることがあります。

また、極端に食べない時期や食べられない時期と、食べ過ぎてしまう時期が現われるようなタイプ、食べないでいるうちに食べることができなくなり、極度の体重減少に陥ってスポーツどころでなくなってしまう例もあります。神経性食欲不振症や神経性過食症などの病名も使われていますが、いずれも体重や体型に対する偏った、あるいは誤った認識が根底にあったり、大人の身体になることに抵抗を持つような心理的背景があったりすることが原因と考えられています。

当然ながら、極端に体重が増えたり、減ったりする身体の状態では、望ましい競技成績を出すことができず、逆にけがを繰り返したり、骨密度がどんどん下がってしまうこともあります。極度の体重減少では生命の危機となる場合もあり重大です。

従って、適切な量の食事のしかたを指導するだけでは解決にならず、原因となっている問題を発見し、それに対するアプローチ、心理的なカウンセリングや精神医学的治療が必要になります。

次の項の FAT と呼ばれる女子スポーツ選手の問題は以前、摂食障害、無月経、骨量減少の3つでした。しかし、現在ではトレーニングによる消費エネルギーに見合った摂取エネルギーに達していないと同様の問題が発生することから、摂食障害だけに限らないという考え方になっています。

摂食障害の治療によって低くなった骨密度が改善していくことがわかっています。適切な治療をして、健康な身体を回復させられるように、さらには重症化していない早い段階で発見して、治療できるように、知識を持ってほしいと思います。

腰椎骨密度 (g/cm²)

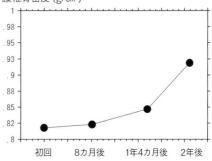

図 **摂食障害の治療により骨密度が改善した長距離ランナーの経過**

1 FAT（女子選手の三徴）は女子選手だけ？

トレーニングがハードになると月経が来なくなるという現象は持久系の競技の女子スポーツ選手を中心に多くみられます。無月経の定義は 3 カ月以上月経が来ない状態ですが、年に 5 回程度の場合は稀発月経と分類されます。

無月経がおこるメカニズムはトレーニングによる視床下部からのホルモンの抑制がおこり、卵巣からの女性ホルモンの低下が生じると考えられています。オーバートレーニング症候群の項で述べたメカニズムと同じです。女性ホルモンは骨代謝に大きな影響を与えることがわかっています。女性では 50 歳前後に女性ホルモンが急減して閉経を迎えることになりますが、その時期から骨密度が減っていき軽微な外力で骨折が発生してしまう骨粗鬆症になってしまうことが問題です。若い女子選手でそのような骨密度の低下がおこれば、当然けがが増えてしまいます。実際に、無月経の選手たちでは疲労骨折が多く発生することが日本陸上競技連盟の調査で明らかになっています（図 1）。トレーニングを一生懸命おこなって、骨が減って疲労骨折をおこしてしまうのはあまりにつらい現象です。

同じような現象は男子選手にも当然おこると考えなければなりません。男子の持久系競技の選手でも同様に骨密度が低く疲労骨折を頻発する選手が見られ、このような選手では同じ現象がおこっていると考えざ

るをえません。実際に男性ホルモンを測定すると低くなっている選手も少なくありません。また、図 2 に示すように男性ホルモンの値と骨密度との間にはゆるやかですが関連があり、男性ホルモンが低い選手では骨密度が低くなっています。そうなると、これまでの FAT という概念でとらえるよりも、もっと広くスポーツ選手全体の問題として対処方法を考えていく必要があります。

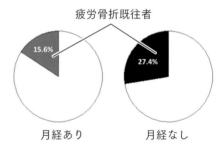

図1 無月経の有無と疲労骨折既往との関係

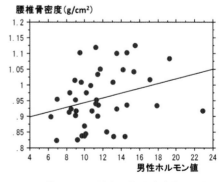

図2 男性ホルモン値と腰椎骨密度との関係

前述のように現在はトレーニングによる
エネルギー消費に対する摂取エネルギー不
足がこれらの現象の根本的な原因と考えら
れるようになり、栄養の問題がますます重
要になっています。

　特に発育途上の身体では、身体を大きく
するために多くのエネルギーが必要であ
り、それに加えてトレーニングで消費した
エネルギーを摂取することが必要です。も
しもこのバランスが崩れてエネルギー不足
が続くと、骨が増えない、身長の伸びが抑
えられる、というような状態がおこる危険
があります。言い換えると、発育障害を招
く危険があります。トレーニングが激しく
なり身長の伸びが急に減ってしまった、止
まってしまったという場合はトレーニング
量を減らしたり、食事量を増やす、などの
調整が必要です。さらに、睡眠不足も成長
ホルモンの分泌を抑えて発育に影響を与え
ると考えられるので、トレーニングの負荷
に見合った睡眠を確保する必要がありま
す。トレーニングの負荷と栄養、休養との
バランスの崩れは相対的な意味でオーバー
トレーニング症候群の状態を生むと考えな
ければなりません。

　女子選手では、月経が来なくなる、とい
う徴候がわかりやすいサインですが、男子
選手ではそのようなサインがありません。
少なくとも、体重が増えず減ってしまうの
は、トレーニングによる消費エネルギーに
対して摂取エネルギーが不足していること
を意味しており、消費を減らすか摂取を増
やさないとバランスは改善しません。

　持久系競技や審美系競技（新体操、フィ
ギュアスケートなど）では体重や体脂肪を
増やさないように食事に注意を払い、体重
が増えないことが望ましいと考える傾向が
強いと思います。しかし、身長が伸びてい

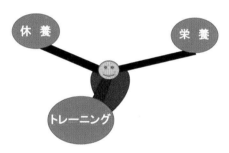

休養、栄養摂取、トレーニングはバランスよく

るにもかかわらず体重が増えないのは明ら
かに摂取エネルギーが不足しており、体脂
肪が減るだけでなく、筋量や骨の量も減っ
ている危険があると考え、体脂肪率など身
体組成を評価してみる必要があります。身
長増加が止まった年代でも、体重はエネル
ギーバランスの重要な目安であり、ベスト
体重に戻す以上の減量は要注意です。

COLUMN

スポーツドクターのかかり方

　ご存じの方も多いと思いますが、日本には日本スポーツ協会公認スポーツドクターと日本医師会認定健康スポーツ医、さらに日本整形外科学会認定スポーツ医という3種類のスポーツ医の資格が存在します。

　競技スポーツ選手に対する診断、治療、競技の医事運営やメディカルチェックは、主に日本スポーツ協会公認スポーツドクターが、健康スポーツのための指導や処方、運動可否の評価は、日本医師会認定健康スポーツ医が担当します。スポーツによって発生するケガの診断・治療には、日本整形外科学会認定スポーツ医が専門医として位置づけられています。

　整形外科は部位別に学会が発達しており、肩の専門家、膝の専門家、というように各部位のスペシャリストがいます。

　どういう医師にかかるのが便利かは、競技レベル、ケガの部位や重症度などにより異なります。学校スポーツでのケガでは地域のスポーツドクター（スポーツ外来のような診療窓口）に授業後に見てもらえれば便利です。手術が必要ということになれば、ケガの部位の整形外科専門医に意見（セカンドオピニオン）を聞くことも有用です。

　スポーツ選手の貧血などの内科疾患や無月経のような婦人科的問題については、整形外科のスポーツ外来ほど専門の窓口は多くありません。地域体協のスポーツ医科学委員会に問い合わせると紹介してくれるでしょう。

　なお、スポーツドクターを検索する方法として、日本スポーツ協会ではホームページ内に検索ボックスがあります（http://www.japan-sports.or.jp/doctor/）。これにより日本スポーツ協会公認スポーツドクターの情報が得られます。また、日本整形外科学会では認定スポーツ医をホームページ上から地域、専門部位、得意な競技種目などをもとに検索できるようになっています。さらに、競技団体ごとでも医科学委員会の委員であるドクターやその競技の選手の治療を専門的に引き受けてくれるドクターのリストを公開している場合があります。まずはインターネットで調べてみてください。

参考文献 順不同

●『からだの構造と機能』A・シェフラーほか著、西村書店
●『頭部外傷10か条の提言 第2版』日本臨床スポーツ医学会
●『エビデンスに基づくインジャリーケア』G・デルフォージ著、ナップ
●『スポーツ活動中の熱中症予防ハンドブック』日本スポーツ協会
●『ふしぎ！　なぜ？　大図鑑』主婦と生活社
●『からだのしくみ事典』浅野悟朗監修、成美堂出版
●『完全図解わかる！　からだのしくみ事典』中野重徳著、ナツメ社
●『筋肉』湯浅景元著、山海堂
●『日本人のからだ―健康・身体データ集―』鈴木隆雄著、朝倉書店

著者
鳥居 俊

とりい・すぐる ／ 1958 年生まれ、愛知県出身。早稲田大学スポーツ科学学術院教授。1983 年東京大学医学部卒、同大学整形外科学教室入局。静岡厚生病院、都立豊島病院、虎の門病院、東大病院助手を経て、1993 年東芝林間病院整形外科医長。1998 年早稲田大学人間科学部スポーツ科学科助教授を経て、2003 年組織改編によりスポーツ科学学術院、2019 年より現職。

専門分野は、スポーツ整形外科、発育発達（成長）学。運動器の発育発達、運動器障害の予防、身体活動と骨代謝、身体活動による健康増進をテーマとして、研究・指導を行っている。

日本体育協会公認スポーツドクター、日本陸上競技連盟医事委員。早稲田大学米式蹴球部チームドクター。

著書には、『フィーメールアスリートバイブル』（ナップ）、翻訳書には、『スポーツメディシンバイブル』（ナップ）、『エビデンスに基づくインジャリーケア』（ナップ）、『ランニング解剖学』（ベースボール・マガジン社）などがある。

れいわばん きそ まな
令和版 基礎から学ぶ! スポーツ障害

2020年4月30日 第1版第1刷発行

著者	とりいすぐる 鳥居 俊
発行人	池田哲雄
発行所	ベースボール・マガジン社
	〒103-8482 東京都中央区日本橋浜町2-61-9 TIE浜町ビル
	電話03-5643-3930（販売部）
	03-5643-3885（出版部）
	振替口座00180-6-46620
	http://www.bbm-japan.com/
印刷・製本	共同印刷株式会社

©Suguru TORII 2020
Printed in Japan

ISBN978-4-583-11278-7　C2075